书山有路勤为径，优质资源伴你行

注册世纪波学院会员，享精品图书增值服务

STRUCTURED
EXPRESSING
POWER

结构表达力

高频场景下的
职场表达解决方案

李忠秋 齐海林 张学敏
杨秀萍 王 卿 著

电子工业出版社
Publishing House of Electronics Industry
北京 · BEIJING

图书在版编目（CIP）数据

结构表达力：高频场景下的职场表达解决方案 / 李忠秋等著. —北京：电子工业
出版社，2023.3

ISBN 978-7-121-45108-9

Ⅰ. ①结⋯　Ⅱ. ①李⋯　Ⅲ. ①人际关系学　Ⅳ.①C912.11

中国国家版本馆 CIP 数据核字（2023）第 030046 号

责任编辑：杨洪军
印　　刷：河北虎彩印刷有限公司
装　　订：河北虎彩印刷有限公司
出版发行：电子工业出版社
　　　　　北京市海淀区万寿路 173 信箱　邮编　100036
开　　本：720×1000　1/16　印张：11.75　字数：226 千字
版　　次：2023 年 3 月第 1 版
印　　次：2025 年 9 月第 10 次印刷
定　　价：59.00 元

凡所购买电子工业出版社图书有缺损问题，请向购买书店调换。若书店售缺，请
与本社发行部联系，联系及邮购电话：（010）88254888，88258888。

质量投诉请发邮件至 zlts@phei.com.cn，盗版侵权举报请发邮件至 dbqq@phei.com.cn。

本书咨询联系方式：（010）88254199，sjb@phei.com.cn。

前　言

你是否在职场中遇到过类似的问题：

同样一件事情，你说了 30 分钟也没说到核心；有的人三句话就能说清楚，关键的是，还把他人给说服了？

同样是撰写建议方案，你用了五天冥思苦想，反复修改，却怎么也完不成；有的人用了一天就能够"庖丁解牛"，确定好解决方案，还成功被老板采纳了？

同样是做汇报，你辛辛苦苦写了二十多页，还要被人家反问，你到底想表达什么；有的人仅仅用五页PPT就能说服对方，还能得到领导的赏识？

你是否还曾遇到过突然被问到一个问题而变得非常忙乱的情况，例如：

"贵公司的产品与竞争对手 A 的产品相比有什么优势呢？"

"这个嘛……在产品性能方面就有很大的差别……，而价格是差不多的……"

这样的表达往往让对方一头雾水。听的一方经常抱怨："话题到处飘，根本不知道他要说什么。""一直抓不住话题的要点，我都快被逼疯了。"

表达的人自己也很烦恼："是我说话的方式不好吗？我经常会被对方误解。""我说着说着就会变得混乱起来，根本不知道自己在说些什么。"

这样的表达在职场中特别常见。那么，该怎么办呢？例如，你可以这样说：我们公司产品与竞品相比优势非常明显，主要有以下三个方面：

第一，功能多……

第二，更环保……

第三，售后服务多……

所以，还是我们的产品更优秀。

如果是你，你会选择哪种表达方式呢？显然，第二种的表达更胜一筹。

如果你觉得上面分享的内容只是一些简单的对话或表达技巧，就大错特错了。

这背后隐藏的是一个人非常重要的思考能力——结构思考力。

什么叫结构思考力？

首先，我们举一个生活场景中的例子。有一天，你的家人突然告诉你'你焖的饭，不如谁谁焖得好'，你会怎么想？有的朋友会说，他焖得好，你吃他焖的去，别吃我的。也有的朋友会说，是吗？怎么个好法？还有的朋友会开始分析，为什么我焖的饭没那么好吃呢？

假如就是要解决"焖的饭不如他人的好吃"这样一个简单的生活问题，你会怎么做？你是不是要分析这背后的原因？可能的原因会有哪些？是自家的米不好，水不好，锅不好，还是水和米的比例不对？我在线下课程中甚至还听过特别开脑洞的分析：也许我家里用的是火电，人家家里用的是水电……

你会发现，一个看似简单的问题，背后的原因可能多种多样。我想提醒你的是，无论给出了多少答案，都很难确保你的答案是准确的、全面的。

怎么办？

你需要结构化思维。首先，我们分析一下这个问题究竟和哪些因素相关。例如，米的问题、水的问题，这些可以统称为材料的问题；锅和电是设备机械；水米比例是方法；除此之外，焖饭的人操作的熟练度是人的问题。或许还有一些其他因素，如环境因素，南北的气候差异等也会造成饭的口感不同。有些同学可能已经意识到了，我刚才的拆分符合一个叫作"人、机、料、法、环"的模型。当我们试图给原因分门别类、尽量穷举的时候，我们使用的就是一种典型的结构化思维。如果套用模型来解决问题，则更是结构化的体现了。

没结构时，我们每个人根据自己的认知，会得到一两个、两三个答案，也许解释了问题，但很难保证我们给出的答案是清晰和准确的；有了结构之后，我们可以快速从多个方面找到多个原因，把问题分析得清晰且全面。

所以，"结构思考"这种方式能够帮助我们不仅在横向上看清看全，而且在纵向上分层次、有重点地去解决问题。

接下来，我们举一个工作场景中的例子。例如下面这样的对话：

上司：对于现在汽车市场所处环境的调研，你发现了什么？

下属：嗯……，这个……汽车卖不出去的时代已经来临，因此我们公司的情况也是非常严峻的，竞争对手也采取了很多办法。我发现客户价值观好像也发生了一些变化……

上司：你究竟想表达什么？

估计此时此刻的上司也是一头雾水。

回想一下，这样的对话在日常工作中是否很常见？当你在与客户沟通、与上司沟通时，没有结构化的表达往往会让对方思维混乱。因此，为了提高工作效率和业绩，准确清晰的表达是非常有必要的。下面是一个结构化表达：

上司：对于现在汽车市场所处环境的调研，你发现了什么？

下属：领导，我认为目前汽车市场停滞不前、竞争激烈、客户价值观改变这三个方面都促使我们需要进行新的尝试。

上司：具体说说看。

下属：

第一，汽车市场停滞不前——通过市场调研、行业报告的分析我发现，这几年汽车市场的数据都呈现下降的趋势，尤其是今年已经下降到历史最低点。

第二，竞争激烈——通过市场调研我还发现，一些车企已经在不断创新了，开始进攻新能源领域，并且开发新的功能，在售后服务上也有所改进了。

第三，客户价值观改变——以往调研发现，客户还是倾向于购买汽油车，但是今年的调研发现，客户对新能源的接受度已经明显提升了。

上司：原来如此，明白了，看来我们确实需要进行新的尝试，进入新的领域了。

市场、竞争和客户本身就是一种结构。当你从这三个方面进行表达的时候，就显得准确且有说服力。

通过前面两个简单的例子我们就能发现，无论是生活场景还是工作场景，结构化的思考和表达都能够帮助我们做到想得清楚、讲得明白，且能有力地说服他人。

本书将以结构思考力为基础，带你进入一些常见的职场沟通场景情境，探讨在不同场景下，如何做到"想清楚、说明白、有说服力"。

阅读本书的方法

本书核心内容包括导论、结构化地说、结构化地写、形象化地展示四个部分。其中，导论部分主要介绍结构化表达的一些基础原则与方法，从纵向和横向结构引入结构化表达概念；第一篇、第二篇、第三篇则分别针对八个常见的职场口头表达场景、八个常见的写作场景和四个常见的形象化展示技巧做了详细展开。

基于本书结构和实际阅读需求，读者可以在系统性阅读和针对性阅读两种方法中选择一种。

系统性阅读既可以帮助读者对结构化表达有清晰全面的理论认识，也可以帮助读者掌握最大化的职场表达技巧。这种阅读方法符合本书的设计结构：先了解理论，搞清楚什么是结构化表达；再具体实践，看明白不同场景下的结构化表达框架如何搭建；最后表达升华，从讲得清楚明白转变为讲得生动形象。

针对性阅读则可以帮助读者快速获取某个场景下的表达秘籍。这种阅读方法适合在读者遇到沟通难题时，直接选择某一节的内容，快速找到解决方案。此时，本书犹如读者的工具箱，让读者在最短的时间，如几十分钟内，就可以快速针对某个场景，借鉴书中的方法和技巧，搭建自己的表达框架，梳理好沟通细节。

本书很适合作为职场商务人士的表达力提升工具。

目　录

导论　何谓结构化表达

第一篇　如何结构化地说

第三篇　如何形象化地展示

导 论

何谓结构化表达

第一章

好表达要有好的纵向结构

第一节 观点明确：说了半天，对方听不懂，怎么办

说了半天，对方听不懂，可能是没有观点

我们先看这样一个场景。

假设我是你的下属，我对你说："领导，还记得上次我跟你说的那个项目吗？现在项目出现了点问题，动态接口协议不符合要求，需要增加新页面，而且必须修改页面布局。要在新的页面风格样式上增加动态切换，让客户感觉风格的颜色可以换成冷色调，更加高大上，更加商业范儿……另外，如果系统性能得到优

化，应用变得更简单，并增加故障设置按钮，项目开发效率就会

更高……"

这是我们在商务沟通中经常遇到的场景，说的人通常会认为说得越细，对方就会听得越清楚明白，真的是这样吗？当说的人沉醉于自己的细节之中的时候，往往忽略了对方的需求，对方真的想听这么多吗？所以，当滔滔不绝地说了半天的时候，最后领导可能不耐烦地问一句："所以，你到底想说什么？"

心理学上有一个效应叫作首因效应，又称第一印象效应，或先入为主效应。它是指个体在社会认知的过程中，通过最先输入的信息对客体以后的认知产生的影响作用。第一印象一旦形成，就能在对方的头脑中占据主导地位，并持续较长时间。这就告诉我们，当与他人沟通的时候，把我们的观点最先呈现出来才更容易让对方记住，否则对方是难以记住那么多内容的。

可以怎么说

"领导，为解决现有客户的核心问题，特申请新开发动态页面和增加故障设置按钮的功能模块，建议马上立项。"说完这些，你再反馈遇到了哪些情况，出现了哪些问题。

对比之前的表达，我们发现，如果没有明确的观点，对方就会一头雾水，不知道你想表达的核心是什么；如果有了明确的观点，并且说在前面，对方就会很容易记住你想表达的内容。

什么是观点

观点是具有中心思想的一句话。我们称之为有灵魂的表达，而灵魂指的就是观点和思想。

例如，一位行政主管向老板汇报团建活动的进展："老板，我这次主要和您沟通一下团建的情况，首先，是场地……其次，是交通……"他这样的表达，算不算有明确的观点呢？严格意义上来讲，不算。为什么？因为他只表达了和团建活动相关的内容，并没有表达自己的核心观点和思想。如果你是他的老板，需要把他所讲的内容全部听完，才能知道他想表达的是什么，从而得出你认为有价值的信息。事实上，观点是你对所讨论的问题方案所持有的看法或态度。

如果这位行政主管知道表达时要观点明确，并且说在开头，他可以怎么说呢？

"老板，咱们的团建活动整体筹备得不错，就是在交通费用上超出了一部分预算，需要您的帮助和定夺。"这样一来，老板第一时间就能抓住你要表达的重点，知道你来的目的。接下来，你可以根据老板的反馈把具体的内容进行展开，详细描述具体发生了什么导致交通预算超标。

又如，大多数职场人在谈论明年计划的时候都会说："我明年计划做三件大事，完成四个重点项目。"这些严格意义上讲也算不上观点，因为除了数字没有明确的信息。我建议，你把做这些事情或完成这些项目的核心目的讲出来。例如："为了提高产品销售量，我准备从三件大事入手。"这样就比刚才好一些。如果你能把三件大事再高度提炼概括一下就更完美了，例如："为了提高产品销售量，我准备从产品优化、价格优惠、渠道拓展三件大事入手。"

观点先行的适用范围

你可能会问，是不是所有情况都需要先抛出观点呢？恭喜你，能想到这一点，说明你已经初步具备"结构思考"的能力，开始全面看问题。当然，不是所有场景都需要先说观点。例如，小李去医院看病，医生先让他做各种检查，检查完毕后小李把化验单拿给医生，医生如果马上就说："你已经病入膏肓、无药可救了。"小李听后一定会五雷轰顶。此种场景就不适合先说观点。又如，情侣分手的时候，如果直接说"分手"就会伤害对方，于是需要准备大量铺垫后再说分手的事，这也是符合人之常情的。

我们来看一个工作中的场景。

现在经济大环境不好，很多公司都准备裁掉一部分员工。假设你是人力资源部的负责人，老板交给你一个任务，要求在一个月之内裁掉20%的员工。在了解公司员工的整体情况之后，你锁定了目标人员。接下来，你需要与这些员工进行一对一的沟通。首先，你找来了小李，如果马上就说："小李，你被公司开除了，收拾一下东西，去财务部结算一下工资，下午就不用来了。"

此时的小李肯定接受不了，文明一点的会跟你讲道理，询问为什么要开除他，不文明一点的话估计就和你吵起来了。一般来说，面对这种情况我们都要晓之以理，动之以情，首先表明整个大环境如何不好，公司的运营也非常艰难等，最终才说出想表达的观点，以便让对方慢慢接受。

所以，以情感沟通为目的的场景就不适合先说观点。一般来讲，为了提高沟通效率，在正式场合快速传递信息是比较适合观点明确且说在前面这种表达方式的。

总结一下

本节介绍了一种职场常见场景：说了半天，对方听不懂，怎么办？方法就是要观点明确。什么是观点？具有中心思想的一句话。观点先行通常适用于高效沟通的工作场景，以情感沟通为目的的场景一般不适用。

疑问回答：感觉自己想清楚了，跟领导汇报时就被问得哑口无言，怎么办

在上一节我们聊了先说观点，以及什么是观点。你可能会问：有了观点如何架构我要表达的内容？哪些内容是他人真正关心的？

感觉自己想清楚了，跟领导汇报时就被问得哑口无言，可能是没有提前做好疑问回答的准备

有一次，我给一家运营商上课，一个学员对我说："李老师，我太委屈了。老板给我交代了任务后，我就搜集素材，整理汇总，特别上心。我觉得我想得已经非常全面了，并花了 3 小时做 PPT，但向老板汇报工作的时候，我刚讲了 2/3，老板就劈头盖脸地骂我。"

我也很同情他，就好奇地追问了一下，能说说具体怎么回事吗？

他说："是这样的。现在已经是 5G 的发展趋势了，老板把

5G 的建设方案交由我来撰写，未来 5G 的建设也主要由我们这个部门来实施，于是我就收集了很多关于 5G 的材料，整理汇总之后写了 PPT。我的观点是打造飞一般的 5G 网络，并分了三个部分，第一，5G 介绍，第二，我们的优势分析，第三，5G 的建设方案……"我又问："老板怎么跟你反馈的？""老板气呼呼地指着 PPT 说，什么是 5G 我不比你清楚？咱们公司 5G 有啥优势，我不比你了解？你自己写的 2/3 都是我知道的，剩下的 1/3 才是我关心的，我就想问问你，你准备把 5G 基站建在哪里？如何建并确保工程质量？如何维护？你这剩下的 1/3 连这些问题都没有说清楚。我回来后仔细想了想，老板提到的问题我确实没有想清楚，但是在收集完材料之后，我以为我想得挺清楚了，怎么他一问，我都不知道该如何回答了呢？"

我们会发现，下属确实挺委屈的，不但花费了时间，也耗费了心力，但是结果却不尽如人意。原因是什么？大概率就是没有提前做好疑问回答的准备。

如何"疑问回答"——疑问回答的核心是换位思考

那么，如何做好疑问回答的准备？

我们需要先知道对方关心什么问题，才能进行有针对性的回答。所以，知道对方的疑问是第一步。

如何知道对方的疑问，想对方所想？心理学上有一种观点，叫作"换位思考"，就是设身处地地为他人着想，即理解至上的一种处理人际关系的思考方式。人与人之间要互相理解、信任，并且要学会换位思考，这是人与人之间交往的基础。

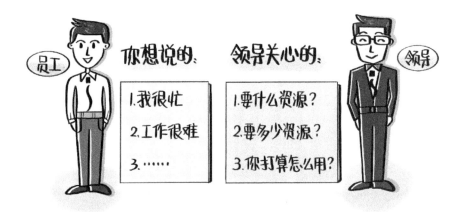

在职场中，沟通汇报的对象可能是不同的，如公司老板、部门负责人、直属上级等。不同的人对你工作的了解程度不同，他们的诉求也不一样，因此关注点也会有所不同。

例如，公司的 CEO、创始人或高层管理者的关注点一般都在战略、文化、价值观上，他们一般会有一个疑问："你说的跟公司战略有什么关系？"因此建议你在沟通汇报时，内容要与战略挂钩，这样你汇报的内容才会得到他们的青睐。

至于部门负责人或中层管理者，他们更加关注部门业绩，他们的关注点在战术层。当你向他们沟通汇报时，他们一般会有一个疑问："你说的跟部门业绩有什么关系？"因此建议你沟通汇报时，内容要跟部门业绩挂钩，有时也要跟自己的 KPI 挂钩，这些才是部门负责人想听的。

至于直属上级或基层管理者，他们不仅关注你的业绩、指标完成情况，更关注操作层面、相对具体的事情。像本节开篇的例子，就是跟直属上级做汇报，所以他关注的都是一些具体事情，如在哪里建、如何建、如何维护等。这时就可以针对他的疑问进行回答了，例如，第一，在哪里建——覆盖热点需求区域，四网协同规划；第二，如何建——进行项目化管理，确保工程质量；第三，如何维护——同步建设 5G 体系化运维团队；等等。因为直属上级也会关注你的个人成长，所以你也可以适时地讲讲你在工作中遇到的困难，以及你是如何克服的，你期待领导提供哪些指导等。

这些不同层面的管理者的疑问，需要你在沟通汇报之前提前做准备，以便在沟通汇报时做到游刃有余、对答如流。

"疑问回答"有时也因人而异

这里的高层、中层、基层管理者关注的问题也是相对而言的，大概率会关注这些大方向的问题，但特定的人所关注的侧重会有所不同。有一次在一家互联网公司的战略讨论会上，我们讨论物联网如何与公司现有平台相结合。各部门负责人头脑风暴，各抒己见。在各部门负责人发表完各自意见之后，公司 CEO 问了技术部门负责人一个问题："你觉得这个技术后台如何实现？" CEO 本身是做技术出身的，尤其关注技术的更新迭代、技术的趋势以及可能性，所以问出这样的问题也不足为奇。所以，在沟通汇报之前，我们也需要根据沟通对象的特点对症下药。如果对方关注细节，就需要准备与细节相关的事实和数据；如果对方关注大的框架，就只需准备大的框架方面的材料即可。职场中经常流传着这样一句话："如果能回答老板的问题，你就离成功更近了一步。"这是更高阶的换位思考。

总结一下

本节介绍了一种职场常见场景：感觉自己想清楚了，跟领导汇报时却被问得哑口无言，怎么办？方法是疑问回答，也就是针对对方关心的内容，提前做好回答疑问的准备。"疑问回答"有时也因人而异。

第二章

好表达要有好的横向结构

第一节　归类分组：突然被点名发言，如何整理思路

突然被点名发言，不知如何整理思路，可能是因为不具备归类分组的能力

我们先来看这样一个场景。

你是某公司入职一年的销售人员小李，最近受到大环境的影响，销售业绩不太好，已经呈现持续下滑的趋势。你同事的日子也都不太好过。在销售部门的周例会上，老板把该部门的 20 位同事召集在一起开会。老板看了看各位销售人员的业绩报表，说：

"本周大家的销售业绩都不太好，我们一起分析一下原因，大家都说说。小李你来得比较晚，你先说说……"

一听老板叫你，你马上说："老板，现在的销售工作非常难做。现在受大环境的影响，全球的经济形势下行，购买力下降。昨天我去拜访咱们的大客户王总，虽然是时隔半个月的再次拜访，对方还是很热情的。但他说，目前不能订那么多货了，因为很多产品卖不出去，手头资金不足，而且说咱们的产品存在一定的不稳定性。那天我还顺道去了李总的公司，可惜他们的负责人不在公司，听说去看病了。我让他们转达了日后我会通过电话再联系……然后，我还听说竞争对手的公司现在的业绩不错，因为他们开发了一款能满足客户需求的产品，价格比较低，客户也比较买账。咱们的产品一直在更新迭代，不是很稳定，价格也没有特别的优势。昨天，我接到了国外一家客户公司的电话，他们表示希望再约一次电话会议，大概意思是本次的采购有可能减半，还有……"这时的老板已经听不下去了，皱着眉说："你说的什么啊？前面还挺清楚的，后面乱七八糟的。"

我们一起来分析一下。首先，小李是有观点的，第一句话就说清楚了，"现在的销售工作非常难做"，但是在说原因的时候就显得有点混乱了，一会儿说客户，一会儿说产品，一会儿又说客户，其中还有一些没有用的信息，如顺道去了李总公司、负责人不在等。所以让领导抓不住重点。

如何归类分组

如何让原因变得不混乱？方法是归类分组。

在小李的例子中，无外乎包括这几个方面：大环境不好，客户需求减少，产品不稳定，产品价格不占优势，竞争对手价格低客户买账等。

如果在小李的例子中你不会分类，那么我再教你一种方法，就是套用他人的分类方式。也就是"整理思路，多用分类模型"。例如，我们经常用到的内部、外部分类；市场营销学中的4P——产品、渠道、价格、促销；战略3C——公司、客户、竞争对手；PDCA模型——计划、实施、检验、改善；人力资源的选育用留模型。

那么，在小李的例子中如何通过模型这种分类方式比较清楚地回答呢？

如果选择市场营销学中的4P——产品、渠道、价格、促销，就可以这样表达："老板，现在的销售工作非常难做，从产品、价格两个方面来说，产品一直不太稳定，价格也比竞争对手的高。"但是这种分类不会囊括所有信息，所以在选用模型的时候建议选择一个分类更全的模型。

如果选择内部、外部的分类模型，就可以这样表达："老板，现在的销售工作非常难做，原因有两类，内部原因和外部原因。第一，内部产品不稳定，价格不占优势；第二，外部经济环境低迷，客户需求少，竞争对手降价抢单。"如果老板愿意往下听，你就可以把每一个类别的内容进行详细展开。

如果选择战略 3C——公司、客户、竞争对手，那么你如何回答呢？"老板，现在的销售工作非常难做，原因有三个方面——公司、客户和竞争对手。首先，咱们公司产品不稳定，价格不占优势；其次，我上周拜访的客户订单需求减少；最后，竞争对手研发新品价格低抢占市场。"根据老板的反应，再决定是否逐一解释。

我们发现，有了模型之后，就可以直接往里面装东西了，很快捷也很方便，让你即便突然被点名发言，也可以一边按照模型的分类说出来，一边把相关信息逐一填充到模型中。

这样做既可以让你说得清晰、全面，又可以让对方感觉你思路清晰、表达有力。

如何掌握更多的模型

讲到这里，你可能会问："李老师，你怎么知道这么多模型？"

有两种方法可以让你掌握更多的模型：

第一，来源于工作。在实际工作中，无论处于什么岗位，你所在公司的前辈关于某项工作基本上都有自己的方法和流程，你可以拿来借鉴。

第二，来源于收集。包括知乎、百度等各种网站上，以及你上大学或读研究生时，书上那些关于某个领域的模型，基本都是前人整理的，是大众认可的模型，也可以拿来即用。不积跬步，无以至千里；不积小流，无以成江海。相信日积月累一定会让你的工作如虎添翼，更加出色。

总结一下

本节介绍了一种职场常见场景——突然被点名发言，如何整理思路？方法是归类分组。其中常用的方法就是使用模型。同时，建议你在工作中多收集这样的模型。

第二节 逻辑排序：干了很多事，如何下手让总结高大上

干了很多事，不知如何下手让总结高大上，可能是缺失逻辑排序

你是否有过这样的困惑：一到年底写工作总结时就会容易头疼，好像干了很多事情，但不知如何下手？

有一次，课间休息的时候一位同学过来跟我聊天："李老师，一年马上又过去了，领导让我们写工作总结。每次写的时候都很愁人，我感觉我干了99分，写完工作总结后感觉只值六七十分。我该怎么写，才能让领导觉得又有成绩又高大上呢？我干了好多事，但我不知道先说哪个、后说哪个。从哪里下手比较好呢？"

我追问了一句："你今年一年都做了哪些工作？"

"我是负责人力和行政工作的，说是工作总结，除了总结，也会涉及明年的一些计划。我今年业绩完成得挺好。我协同我们另一个做产品的子公司进行了资源互换，在劳动节、端午节、国

庆节各大节日推广产品，节省支出 20 万元，推进多项人力资源管理制度，人工成本比计划降低 3%，顺利召开了职代会，更新了新员工手册、薪酬制度、考勤管理制度，顺利处理了几个棘手员工问题，顺利组织了一次管理层培训，明年计划重点抓业务培训，助力销售业绩完成。还有很多常规性工作，如统计员工考勤。成功组织了公司 400 人的团建活动。考察了很久并找了三家性价比较高的办公地址，最终选择了离现在公司最近的地方，更换了办公区，做好了装修工作，成功完成搬家的任务，没有出现员工抱怨。另外，还完成了老板临时交代的一些事情……"

他做了很多事情，业绩也不错，也有自己的观点。但是如何抓住重点，先说哪个、后说哪个，是否有顺序呢？

逻辑排序有三种常见的顺序

使用下面这三种顺序，会让你的年度总结变得逻辑清晰，排序有力。

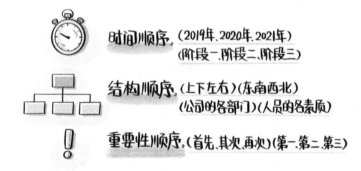

1. 时间顺序

时间顺序指的是时间的先后顺序，彼此可能存在因果关系，也可能不存在因果关系。

例如，春晚小品中提到的昨天、今天和明天就是时间顺序；2019 年、2020 年、2021 年也是常见的时间顺序；周总结、月总结、季度总结、半年总结和年度总结也是按照时间顺序排列的。

那么，总结可以写成什么样呢？例如，2019 年 100%完成绩效考核目标，2020 年计划重点抓业务培训。

2．结构顺序

结构顺序指的是将整体分为部分，有两种常见的顺序。

第一种，空间顺序，常见的有上下左右、东西南北，以及按照顺时针、从上到下的顺序等。

第二种，概念顺序，例如，公司由不同部门组成，部门又设置了不同岗位。

3．重要性顺序

重要性顺序指的是将事物按重要性或非重要性分组。

例如，发生重大交通事故时，要先救人，这就是重要性顺序。其实你在同一时间做几件事情的时候，先做哪个、后做哪个，就是重要性顺序。

再如，像案例中负责人力和行政工作的这位负责人在面对这么多工作时，一定有某些工作是要先完成的，那些工作就是老板最关心的工作。

逻辑排序应用起来能让你的总结变得高大上

那么，如何应用这三种常见的顺序呢？

我们对上面那个案例中的事情进行排序，看看效果如何。

1．按照时间顺序，如何排序

根据"今年100%完成绩效考核目标，明年计划重点抓业务培训，助力销售业绩完成"这个总目标，按照今年项目的时间顺序，逐一展示工作业绩；明年的计划也可以按照时间顺序给出排期表，如计划用多长时间助力完成业务培训，达到什么效果等，具体包括如何计划、如何执行、如何检查、如何总结并改善等。

2．按照结构顺序，如何排序

这位负责人的工作职责包括两个方面：人力和行政。所以，可以按照工作职责进行排序，例如，今年人力工作成果突出，行政工作成效显著。然后，逐一列举人力工作取得的成果，再列举行政工作取得的成果。

3．按照重要性顺序，如何排序

在整个一年中，从老板角度出发，有没有他最看重的项目呢？肯定是有的。这样就可以把老板看中的项目往前放。例如，可以分为重点项目和常规工作两项内容，先说去年有三大重点项目成效卓著，然后一一列举，再说常规工作。这样的安排首先关注老板想看的内容，然后再介绍其他不是特别重要的常规工作。

总结一下

本节介绍了一种职场常见场景：干了很多事，如何下手让总结高大上？方法是逻辑排序。我分享了三种常见的逻辑排序——时间顺序、结构顺序和重要性顺序。

第一篇

如何结构化地说

第三章

有充足准备时，表达需要提前搭框架

第一节 工作汇报：如何通过条理清晰的汇报，得到领导重用

你是否遇到过类似场景

小张遇到了一个难题。

上司陈总问小张："小张，你最近在跟进的 A 借款项目进展如何？"

小张说："陈总，是这样的，因为客户对第一次提交给他们的融资方案中的利率有点异议，加上前期的尽职调查不深入，客户还没有补齐报告中需要的部分数据和资料。我计划在利率区间和放款条件等要素上再进行完善。另外，由于多家银行对客户都提供了利率更低的融资方案，客户对于我们的态度也不是很积极，很多需要落实的事项一拖再拖，我打算下周一再去拜访一下A公司的杨总……"

小张的话还没说完，就被陈总打断了。

结果，就因为这次汇报没有做好，小张失去了这个项目的主管权力。

在这里，小张犯了几个致命错误：

（1）汇报工作无重点；

（2）汇报工作太杂乱；

（3）光说问题，没提供解决方案。

那么，面对工作汇报，我们应该怎么做呢？

我们需要明确一个概念

在这里我介绍一个通用模板，只要按照这个模板进行内容的整理与输出，就可以自如地应对各种场景下的工作汇报。

从原理上讲，这个通用模板就是结构思考力一直强调的"总分总结构"：结论先行，表明观点；依次阐明要点，对观点进行说明；再一次总结观点。

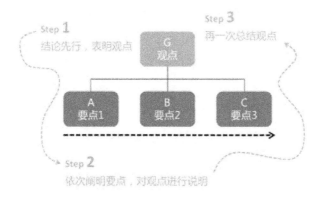

我将从结论先行、表明观点开始，按照工作汇报的不同场景，逐步搭建汇报结构，让你的汇报有总有分、条理清晰。

你需要遵循一个策略

第一步：你要在最短时间内将汇报的内容总结全面，要能吸引领导的注意力

1．结论尽可能简单

我们前面说过，职位越高的人，注意力的时间越短，这种说法不准确。准确的说法是：所有人的注意力一开始都是集中的，但随着时间的推移，注意力快速下降。

所以，无论我们的汇报对象是公司老板，还是部门领导，甚至只是同事间的同步信息，都要求我们抛出的结论尽量简单，字数越少越好。

2．结论尽可能准确

在小张的例子中，他说的那一段略显混乱的文字，如果用一个符合简单、准确原则的结论概括，应该是什么呢？

大概是这样的:

"陈总,目前项目进展不顺。"

这是简单、准确的。

3．结论里包含与汇报对象有关的利益点

这个利益点可以是你所表达的观点,为你的汇报对象所带来的收益;也可以是你所汇报的某个问题的解决方案。在小张的例子中,利益点就是指"项目进展不顺"这个问题的解决方案。

它可以是这样的:

"陈总,目前项目进展不顺,我本周会对项目进行调整,下周去拜访客户,争取合作尽快落地。"

到这里,我介绍了"一语中的"的技能,通过该技能,能够解决汇报工作没重点的问题,并引起领导的兴趣和注意。

第二步:你要根据这次工作汇报的目标,在三种汇报模型中选择其一,填充内容,进行展开

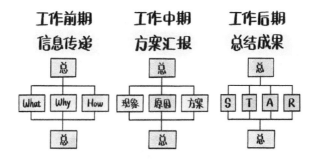

1. 汇报整体工作目标时，按照 2W1H 模型，填充内容并展开

先讲 What：你的工作目标是什么？或者，你对这项工作的理解是什么？

再讲 Why：你为什么订立这样的目标？或者，你为什么这样理解自己的工作？

最后讲 How：你将如何实现这一目标？或者，你将如何完成自己的工作？

2. 汇报问题的解决方案时，按照现象、原因、方案模型，填充内容并展开。

先讲现象：你在工作中遇到了什么样的负面现象？或者，遇到了什么问题？

再讲原因：分析并确定是什么原因导致的现象或问题的产生。

最后讲方案：你准备了怎样的解决方案？

3. 汇报工作的阶段性或整体性成果时，按照 STAR 模型，填充内容并展开

先讲 S（Situation，情境）：工作是在什么情境下发生的？

再讲 T（Task，任务）：你是如何明确自己的工作任务的？

再讲 A（Action，行动）：针对情境和任务，你采取了怎样的行动？

最后讲 R（Result，结果）：在采取前述的行动后，取得了怎样的工作成果？在工作中学习到了什么？

在这三个模型中，2W1H 模型比较适用于工作前期，对工作的目标、方法和价值进行传递，展现你的工作激情；现象、原因、方案模型比较适用于工作中期，对工作的现状和问题进行分析解决，展现你的工作能力；STAR 模型比较适用于工作后期，对工作中已经完成的部分进行总结汇报，描述完整的工作过程，展现你的工作成果。

那么，在小张的那个例子中，比较适合采用哪个模型呢？现象、原因、方案模型。

当陈总问小张"最近在跟进的 A 借款项目进展如何"时，小张可以这样说：

陈总，目前项目进展不顺，我本周会对项目进行调整，下周去拜访客户，争取合作尽快落地。

进展不顺主要是由内、外两部分原因导致的。

第一，内部原因：我们的报价区间还需要调整；尽职调查报告数据不完整；放款条件未落实。

第二，外部原因：同行竞争激烈，竞争对手给出了比我们更有竞争力的融资方案；客户对我们的态度不够积极明朗。

接下来，我会尽快行动：

第一，本周内按照客户需求调整报价，完善尽职调查报告，落实放款条件；

第二，下周一拜访客户，就修改后的融资方案与客户进行深入会谈，争取尽快让合作落地。

到这里，我们完成了前两步：结论先行，表明观点；依次阐明要点，对观点进行说明。

第三步：再一次总结观点

当你的内容非常翔实、发言时间较长时，为了再次强调自己的观点和内容，建议你一定在结尾处再次陈述自己的结论，给领导留下更深的印象。

总结一下

好的汇报从一开始就要结论先行，这句结论还应该简单、准确，能凸显与汇报对象有关的利益点，让领导对你的汇报感兴趣，做到"一语中的"；好的汇报在展开的时候，一定要遵循一定的分类原则和逻辑顺序，让内容的展开条理清晰。要按照不同的汇报场景或工作阶段，选用2W1H模型，或现象、原因、方案模型，或STAR模型。好的汇报在结尾处，应该再次总结，强化结论。

第二节　请求支持：如何在工作难度大、搞不定时，请求领导的支持

你是否遇到过类似场景

有一天，你的领导突然布置给你一项全新的工作任务，你之前从未接触过，只能靠自己慢慢摸索。

你做了几天发现，难度确实大，自己完全搞不定。你很犹豫，要不要请求领导的支持？如果去请求领导的支持，既担心被拒绝，又会让领导觉得你能力不行。你的压力很大，不知道该怎么办？

那么，我们如何通过"结构思考"的方式，既能让领导看到你的工作能力，又能获得领导的支持呢？

我们需要明确一个概念

在这里我介绍一个工具：三角计划。

三角计划是我们在日常生活和工作中阐述观点或进行表达时较常用的一个工具，一般通过三个角度、三个层次、三个方向等形式来处理信息和

进行表达。

这个工具适用于探讨严肃话题的场景，且沟通对象是有强烈观点的听众。运用好这个工具，可以提高一个人全面看待问题的能力，也可以提升个人在职场中的影响力。

你需要遵循一个策略

那么，我们该如何应用三角计划，才能达到既让领导看到你的工作能力，又能获得领导支持的效果呢？接下来以本节开篇的故事为例，和大家分享具体步骤。

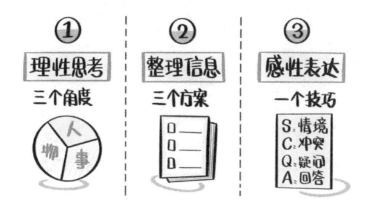

第一步：三个角度理性思考

当面临工作中的一个难题时，首先要调整好心态，用积极的心态去理性思考。例如，可以利用结构化思维，从人、事、物三个角度来思考如下一些问题。

1. 从人的角度

领导为什么给我布置这项任务？我有哪些能力？在这项任务中，我个人的独特优势是什么？哪些人可以和我一起来合作？

2. 从事的角度

这项任务的难度真的大到令我自己无法完成吗？这项任务对我来讲意味着什么？从这项任务里可以看到哪些机会？如果难度确实很大，那么有哪些难题需要解决呢？如果去请求领导支持，怎么做才能打动领导呢？

3. 从物的角度

是否有现成可用的资源是我没有考虑到的？如果需要领导支持，我需要领导提供什么资源呢？我需要哪些资源才能完成这项任务呢？

如果对以上问题有比较明确的结论或答案，那么接下来就可以通过三个方案来整理相关信息。

第二步：三个方案整理信息

1. 为什么要准备方案

如果不带方案直接问领导怎么办，就是在给领导出问答题或论述题。领导可能会告诉你，第一步怎么做、第二步怎么做。但时间一长，他就可能对你的能力产生怀疑。而带着方案去汇报，不仅能展现出你积极的工作态度，让领导知道你是很用心的，而且有利于得到领导的支持。

2. 为什么是三个方案

如果带着问题和一个方案去汇报，就是在给领导出判断题，您看这样行不行？如果带着问题和三个方案去汇报，就是在给领导出选择题，请领导自己权衡。具体表达如下：

"张总，针对目前的难题，我想出了三个方案，请您过目。您可以从这三个方案里选择一个相对可行的，之后我再和您深入探讨，再次感谢您的支持。"

这是最节约领导时间和精力的汇报方式，也是自己思考能力和问题解决能力的最佳展示。记住，一定要给领导做选择题。汇报的次数越多，你就越懂领导，以后领导就可以放权让你自己做决定，也就意味着，你离升职加薪不远了。

3. 如何撰写三个方案

既然希望得到领导的支持，那么结构化地呈现方案的内容是一个比较好的选择。有没有捷径呢？有。例如，可以直接套用现成的模型。因为这些现成的模型都是前人经过无数次实践总结出来的，是被人们广泛认可的。使用这些模型，工作效率就会更高。我们可以基于不同的任务类型选择不同的模型，例如，做营销的同学，可以借用 4P 模型；做服务的同学，可以使用 KANO 模型；做项目管理的同学，可以运用 PDCA 模型。基于这些模型，我们可以将工作的内容、达成的目标、面临的困难和解决的思路等分门别类地放进去。

第三步：一个技巧感性表达

理性思考和方案呈现固然重要，但是通过感性的方式表达出来，讲得出彩甚至引人入胜是更需要功力的。为什么？

在心理学上，语言从大脑中诞生的过程：有一个想法—形成一个表达想法的逻辑—选择句式—填合适的词—表达出来。

很多人之所以表达得不理想，是因为前两步，尤其是第二步出现了问题：没想好，就说出来了。有时就算逻辑清楚，但表达的内容生硬又无力，自然也难以起到说服的效果。如何表达效果更好呢？不妨试试在理性思考的基础上进行感性表达。此处介绍一个重要的技巧：序言式铺垫。

序言是开场时的铺垫，是讲故事的结构。

在这里有一种方法，叫作SCQA：

- S 是情境（Situation），原本稳定的状态描述。

- C 是冲突（Complication），颠覆现状，发现问题。

- Q 是疑问（Question），提出问题。

- A 是回答（Answer），提出假设性解决方案。

基于本节开篇的例子，我们可以运用 SCQA 这样表达：

"张总，感谢您给我这样一个挑战自己的机会。我已经接手这项任务几天了，有挺多收获。"（S）

"不过也遇到了一些困难。"（C）

"如何来解决这些困难呢？"（Q）

"我准备了三个方案，今天想和您探讨一下。"（A）

这样分析是不是就容易理解了？

用序言式铺垫的目的主要是和领导在正式沟通前，先把对方吸引过来，建立一个共同的语言沟通平台，接下来再抛出你的观点或结论，辅以事实，打动领导获得支持就容易多了。

总结一下

当工作难度大、搞不定时，尝试用三角计划，从三个角度、三个方案、一个技巧来表达，不仅能让领导看到你突出的工作能力，也能获得领导对你的极大支持。

第三节　提出建议：如何向领导提出建议，帮助领导决策

你是否遇到过类似场景

某保险公司办公楼租期将至，你和几个高管代表公司去考察了一个备选办公楼后，你代表其他人向老板汇报。

老板：王总，昨天的考察结果怎么样？这几天得敲定下来，租还是不租？

你：张总，我们觉得那个地方的环境比我们现在的好，装修高大上，而且地理位置也不错。

老板：所以呢？

你：我觉得还可以，不过租金会比现在的高一些，但是能吸引到优秀人才啊。

老板：说重点。

你：我倾向于租，但是老张他们认为续租现在的办公楼，性价比更高。

老板：说了半天，还是没有结论。能不能给点有价值的信息和建议？

你：……

那么，我们如何通过"结构思考"的方式，既能让领导认可你的建议，又能帮助领导更快做出决策呢？

我们需要明确一个概念

在这里我介绍一种方法：成对分析法。

成对分析法是统计学中常用的比较分析方法，常用于对两个相关样本的比较分析，通过对相关影响因素的分析，直观地厘清因果关系，并运用公平原则判断对错，得出结论。

成对分析法的好处是显而易见的，使用这种方法分析问题，信息呈现更直观全面，且方法简单易操作，有利于更好地推动决策执行。

你需要遵循一个策略

我们应该如何利用成对分析法给领导提建议，帮领导做决策呢？

接下来以本节开篇的故事为例，介绍具体的三步走策略。

第一步：定目标

不管面对什么问题，如果无法确定目标，就很难高效解决。做决策也一样，如果目标不明确，也就无法做出重要的决策。当领导面临决策难题时，我们要搞清楚，领导做决策的目标是什么。这其实体现了一个人换位思考的能力。

有人说，换位思考，谁不会？很多人都听过"换位思考"这个词，而且很多时候也都在用，但是否理解其内涵呢？有人说，从对方的角度思考，不就是换位思考吗？真的是这样吗？

真正的换位思考，是能用他人的思维去思考，而不是换个位置和角度，用自己的思维去理解他人。

在现代心理学中，换位思考有三个核心要点：

（1）我理解你的思考方式。

（2）我了解你的痛点。

（3）我采取行动解决你的痛点。

在这三个核心要点中，最难的是，了解你的痛点：你究竟痛在哪里？

现在请大家想一想，你的领导最关心你手头上的哪三件事，或者，你手头最重要的三件事都是什么。如果回答不出来，就要好好反省了。

领导的痛点真的是不确定要不要换个新办公楼这件事情吗？他的目标仅仅是确定换与不换办公楼这件事情吗？经过分析你会发现，有个舒适的办公环境固然好，但是有益于团队更长久地发展壮大才是根本。

所以，在看待问题时，我们不要流于问题表面，而要换个角度，用领导的思维去思考，弄清楚领导的终极目标究竟是什么。基于这个大方向，有的放矢地去工作，效果才更好。

第二步：慎思考

这一步主要是分析和研究影响决策的内外部因素和条件，通过较为全面的信息，进行客观的分析和判断。

例如，在本节开篇的例子中，基于核心目标"新办公楼是否有利于团队的发展壮大"就可以通过头脑风暴方式来分析和研究组织的内外部因素和条件。如果团队不具备执行条件，个人也可以操作，具体步骤如下：

（1）准备纸笔。拿出一支笔和一张纸。这一步既简单又重要。用笔在纸上写东西，与在电脑或手机上写东西，感觉是完全不一样的，想象空间更大，得出的结论也可能不一样。

（2）列出因素。列出和目标相关的因素，先不判断对错，把所有想到的因素都列出来。

例如，在本节开篇的例子中，可能有职场环境、周围交通、面积大小、租金价格、综合性价比等信息。

（3）权衡思考。列出相关因素后，有两个选择：做或不做。在思考的过程中，还要权衡面临的各种问题。

在本节开篇的例子中，面临的就是租或不租的选择。

第一种选择：不租。如果不租，公司将失去什么？当前，老板最渴望什么？请将答案写在纸上。

第二种选择：租。这里会涉及许多细节。例如，能够更有利于实现目标吗？需要付出什么代价？能够承受这个代价（如金钱的投入、新环境的适应、搬迁的琐碎）吗？哪些事情是可以控制的？哪些事情是不可以控制的？最大的障碍是什么？如何去解决这个障碍？谁能解决这个障碍？诸多信息都要列出来。

列出这些信息后，相信你已经有了一个相对清晰的结论。基于这个结论，再去结构化表达，说服力就会增强。

第三步：明利弊

前两步功课做足后，第三步就会轻松很多。

这一步主要是在前两步综合分析的基础上，用成对分析法直观地厘清因果关系，并运用公平原则判断对错。

具体操作包括三个方面：

（1）列方案。将备选方案放在一起进行评价，有几个列几个。

（2）定标准。评价标准是看哪种方案更有利于达成目标。例如，在本节开篇的例子中，可以考虑新的办公楼能否满足 2000 人同时开会的需求，办公楼与地铁站之间的距离是否超过一千米等。

（3）做比较。基于评价标准，对不同方案的影响因素进行比较。如果能达成目标，就在相关因素或条件下打√，否则就打×。最终经过比较，得出客观理智的选择，再结合第二步中的结论，说服效果就会更好。

基于本节开篇的例子，比较情况如下：

选择标准	方案 A	方案 B
	原办公楼	新办公楼
1. 办公楼能否满足 2000 人同时开会的需求	√	×
2. ……		
3. ……		
4. ……		

在这三步中，第一步和第二步需要自己在私下提前完成，第三步才是与领导当面沟通汇报时呈现的内容。

如此直观理性的分析过程，不仅锁定了领导的目标和痛点，还给出了客观有效的建议，领导想不接受都难。此时，你引领着领导的思维，他更容易认同你，所以在这种情况下，协助领导快速决策就水到渠成了。

总结一下

向领导提建议，帮领导做决策，是有技巧的。成对分析法通过"定目标、慎思考和明利弊"三个步骤，帮助我们有效达成建言献策的目的。

第四章

面对临场发言，表达需要巧妙找结构

第一节　会议发言：如何在会议中侃侃而谈，展现个人魅力

你是否遇到过类似场景

每当会议进行到一定程度，领导就会说："下面，请大家谈谈自己的看法。"此时，你会莫名紧张，貌似镇定自若地在面前的笔记本上写写画画，假装认真地做笔记，但就是不敢抬头，唯

恐与领导对视，害怕碰撞出哪怕一点点火花，然后被领导点名，因为自己真的不知道该说啥。

你仅有的几次发言，大多数是什么状况呢？是自信满满、侃侃而谈、魅力四射，还是畏畏缩缩、面红耳赤、磕磕巴巴？是"一入会场成路人"，还是借助在会议上的发言，为自己的职场晋升增加机会呢？

无论是否擅长在会议上发言，我们都无法改变一个事实，那就是，会议是我们职场中非常重要的一部分，也是展现个人能力的重要平台。

我们应该怎么做呢？

我们需要明确一个概念

在这里我介绍一种方法：三板斧。像本节开篇例子中的这种情况，只要学会会议发言的"三板斧"就够了，那就是：快张嘴，慢说话，会总结。

（1）快张嘴，要求我们在第一时间将领导或者会议主持者抛过来的话题迅速接住，既不让会议冷场，也不让自己难堪，还能证明自己的反应快。

（2）慢说话，不是指让我们慢慢吞吞地发言，而是将自己的观点条理清晰地说出来，以避免发言啰里啰唆、没有重点。

（3）会总结，是解决我们没有观点、没有内容时的"救火术"，即对大家刚刚的发言和讨论做个总结。

你需要遵循一个策略

那么，应该如何贯彻快张嘴、慢说话、会总结这"三板斧"呢？

第一板斧快张嘴：用收获快速回应

这一步要求你用较为简短的语言，总结一下参与这次会议的收获，快速给出一个反馈。

你可以这样说："感谢某某领导给我这次发言的机会。听完前面几位领导和同事的发言，真的收获满满，既开阔了我的眼界，也学到了很多方法。原来，我一直以为很简单的直播电商，竟然还有这么多门道。"

你的这一段简单的表达，不仅表明你反应快，避免了冷场，而且让你有时间适应发言的环境，调整自己的声音和语速等。

快速回应之后，你就可以从容地展开自己的发言内容了。

第二板斧慢说话：用结构清晰表达

这一步要求你用论证类比原则展开自己的发言。

论证类比原则强调，一次表达只讲一个观点，而且最好呈现在开头；

与观点相互联系并支撑观点的理由需要符合分类原则，按照一定的逻辑顺序进行排列。

基于论证类比原则，会议可以按照不同的主题分为信息传递型、问题解决型两种。针对这两种会议，我们将为你量身定制两套方案，你的任务只是记住它们并使用它们。

1. 信息传递型会议

针对信息传递型会议，你的发言将偏重于对产品或项目的情况介绍。你需要利用这次发言向与会者传递一些重要信息，如目标、使命、方法、路径，以及真正的价值或已经达成的结果。

你需要从以下三个部分展开：

（1）Why，为什么要做这个产品或项目？

（2）How，这个产品或项目是如何帮助他人、改变他人的？

（3）What，这个产品或项目的真正价值是什么？

举个例子，2015 年，Facebook 创始人扎克伯格在清华大学经济管理学院做过一次演讲，寒暄开场后，他说："今天我想讨论一下改变世界这个话题。"然后他讲了三个故事。

第一个故事，他讲了 Why，为什么要做 Facebook。

第二个故事，他讲了 How，如何使用"专注"这个能力，做好 Facebook。

第三个故事，他讲了 What，Facebook 或互联网是可以提高人们生活、影响全世界的。

2．问题解决型会议

你的发言将偏重于对一个现象的原因进行分析，并提供解决方案。你需要利用这次发言向与会者强调，组织目前面临的困境，引起困境的根本原因，以及针对这个根本原因制定的解决方案。

你需要从以下三个部分展开：

（1）现象是什么？

（2）原因是什么？

（3）解决方案是什么？

举个例子，会议上老板问你为什么最近业绩下滑严重？

你可以这样说：

> 是的，这个月业绩下滑10%。主要原因是线下交易量持续萎缩，线上交易平台还未交付。我正在制订新的促销计划，而线上交易平台月底也会投入使用，我有信心在下个月将业绩补回来。

这就是严格按照现象、原因和解决方案的顺序展开的，清晰明了。如果老板有兴趣，你可以再将促销计划继续展开。

第三板斧会总结：用归纳完美救场

这一步是针对会议上没有观点、没有立场时的"救火术"。这时，你就要在打完第一板斧之后，直接对他人的发言进行总结。

你可以这样说：

> 在认真听完大家的发言和讨论后，我总结了一下，这里有三

种观点。第一种观点认为应该主抓线上，第二种观点认为应该平衡线上线下，第三种观点认为应该主抓线下。最终应该执行哪种方案，还需要再深入讨论。

注意，第三板斧仅限于"救火"，希望你不打无准备之仗。在会议开始前，可以多收集一些和本次会议主题有关的资料，整理自己的工作内容，为自己的发言打个草稿，是很有必要的。

总结一下

每次会议都是为你职场加分的机会，不要逃避它。

合理使用三板斧：

- 快张嘴，做一个与他人发言相呼应的漂亮开场。

- 慢说话，使用量身定制的两套发言方案，让你在会议中侃侃而谈，尽情展现个人魅力。

- 会总结，用总结他人观点的方法，避免尴尬。

第二节 ## 客户沟通：如何在与客户谈话时更有说服力并达成业绩

你是否遇到过类似场景

一个老太太离开家门，拎着篮子去楼下的菜市场买水果。

她来到第一个小贩的水果摊前，问道："这李子怎么样？"

小贩答："我的李子又大又甜，特别好吃。"

老太太摇了摇头，向另外一个小贩走去，问道："你的李子多少钱一斤？"

"老人家，您问哪种李子？"

"我要酸一点儿的。"

"其他人买李子都要又大又甜的，您为什么要酸的李子呢？"

"我儿媳妇怀孕了，想吃酸的东西。"

"老人家，您对儿媳妇真体贴，您要多少？"

"我来一斤吧。"

小贩一边称李子，一边问老太太："您知道孕妇还需要什么营养吗？"

"不知道。"

"孕妇特别需要补充维生素。您知道什么水果含维生素最丰富吗？"

"不清楚。"

"猕猴桃含多种维生素，特别适合孕妇。"

"是吗？好，那我就再来一斤猕猴桃。"

"您人真好，谁摊上您这样的婆婆，一定有福气。我每天都在这摆摊，水果都是当天从批发市场批发来的，是最新鲜的。您儿媳妇要是吃好了，您再来。"

"行。"老太太挺开心，提了水果，一边付账，一边应承着。

大多数销售人员就像第一个小贩，卖的李子又大又甜，但是没弄清客户的实际需求，所以卖不出去；懂得挖掘客户需求的少数销售人员，则像第二个小贩，不仅卖了李子，还卖了猕猴桃，甚至，还有可能收获一个长期客户。

我们需要明确一个概念

第一个小贩，只看到了大多数人对于李子的显性需求，即需要又大又甜的李子；而第二个小贩，看到了老太太的隐性需求，知道老太太买李子的动机是为了自己怀孕的儿媳妇。

客户需求好比漂浮的冰山：我们的理解或客户的表达，展示了水上的冰山一角，而更多的需求隐藏在水下，不仅我们不知道，很多客户也不知道或不明说。

要想打动客户，让其下单，我们的第一要务是帮助客户挖掘其内心的潜在需求。

你需要遵循一个策略

那么，如何挖掘客户的潜在需求呢？

第二个小贩是如何成功卖出水果的呢？没错，就是问问题。

你需要采用"五步提问法"，让你在和客户的沟通中，发现他所面对的问题，并把这个问题放大，提醒他不解决这个问题的严重后果，让他感觉到购买你产品或服务的成本远小于解决问题后产生的收益，从而成功地激

发客户的购买欲，使成交变得轻而易举。

如何提问不仅是一门技术，更是一门艺术。

虽然不同行业的销售需要不同的提问方式，但是，如果有一种构建在思维结构上的提问模板，可以让你应对任何一种情境，是不是更好呢？

你可以试着按一定顺序，抛出下面五种类型的问题。

第一步：抛给客户探索型问题

探索型问题是可以收集客户背景信息的问题，包括业务背景和个人背景。例如："您现在使用的是什么产品？您接触这些产品多长时间了？"

需要注意的是，抛出第一个问题之前，最好已经和客户建立了基本联系。因为提问本身是一种主动动作，如果一开始就不停地提问，是不太友好的。

第二步：抛给客户问题型问题

问题型问题是询问客户面临的问题或困难。例如："在产品以往的使用中，您遇到过什么问题？您觉得有什么地方需要改进？"

另外，很重要的一点是，问题型问题一定要以自己的产品或服务为出发点，寻找可以被它们解决的问题。

第三步：抛给客户后果型问题

后果型问题是问题、困难如果得不到解决，给客户带来的后果的假设性问题。客户在回答前一个问题的时候，已经开始自揭痛点，但还没那么痛，改变现状转而购买你的产品或服务的意愿还没那么强。所以，这时你需要在客户的伤口上撒一把盐。

你可以问客户："这些问题对您的业绩产生了哪些影响？使用一个糟糕的产品，是否会让你们失去竞争力，错失先机，甚至导致失败？"这种类型的问题，就是为了努力扩大坏事情的发生概率，让客户认为，如果不改变，坏事一定会发生。也许，这时的客户还未行动，别着急，试试第四种问题。

第四步：抛给客户价值型问题

价值型问题是询问客户对问题解决后他可以获得的利益的看法。例如："您觉得如此一来，能为您节约多少成本？能从多大程度上降低人员的流失率？"

如果说问题型问题是让客户揭伤疤，后果型问题是在客户伤口上撒把盐，那么价值型问题就是给客户一颗糖，向客户描绘美好的未来，推动客户做购买的决定。

第五步：抛给客户确认型问题

确认型问题是在弄清客户的意图、锁定其真实需求的基础上，无论客户是否想改变现状，你最终都能与客户达成共识。例如："原来您正在寻找……产品，对吗？原来您最关心的是……问题，对吗？"

使用确认型问题，可以确保你的理解和客户的需求是一致的，为下一步介绍产品或方案打下坚实的基础。

需求诊断的五步提问法，以及五种问题，你学会了吗？

这些问题的顺序，可以根据你与客户的沟通情况灵活变化。另外，不要一次性抛出所有问题，要适当穿插一些轻松的话题，这会让客户感觉更好。

总结一下

与客户沟通时，需要让客户对你的产品或服务，从想要转变为需要。抛出探索型、问题型、后果型、价值型、确认型五种问题，显化客户痛点，是挖掘客户需求的好方法。一旦客户的需求被确认，你的产品也可以满足这个需求，那么下单就顺理成章了。

领导闲聊：如何在与领导闲聊时轻松地表现自己

你是否遇到过类似场景

下班后，小王正在等电梯，他的领导李总突然走了过来。小王正想打招呼，李总却主动和他聊了起来。

李总：小王，听说你正在申请开发新产品，有什么好的想法吗？

小王：李总，我正在申请开发新产品，这款产品的外观设计将非常时尚，功能也非常贴近现阶段客户需求。

李总：好的。

听到李总平淡的回复，小王有点失落，毕竟这个项目能否上马，全凭李总一句话，所以他赶紧补了一句。

小王：我打算采用软件自研、部分硬件设计外包的方式制作这款产品，如此一来，至少可以节约 30% 的研发成本，提升 40% 以上的研发速度。电梯来了，您先走，我等下一趟……

尴尬地送走了李总，小王很奇怪，感觉自己表达得挺好，为什么李总反应如此平淡？小王也很懊恼，感觉自己错过了一次直接向领导展示想法或方案的好机会。

假如你遇到类似的场景，将如何通过"结构思考"的方式，轻松表现自己，让领导既认可你的能力，又能被你的理念打动呢？

我们需要明确一个概念

在这里我介绍一个法则：黄金圈法则。

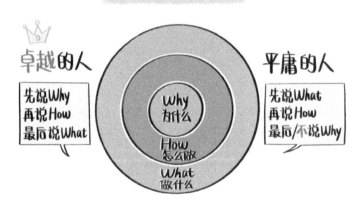

黄金圈法则是一种思维模式，它把思考和认识问题画成三个圈层：最外面的是 What 层，也就是"做什么"，指的是事情的表象；中间的是 How 层，也就是"怎么做"，是实现目标的途径；最里面的是 Why 层，也就是"为什么"，指的是做某事的原因。

黄金圈法则的厉害之处在于，它先从问题本身入手，让你的思维逻辑简单、直接、犀利。

我研究了很多高手的表达方式，发现他们都有一个共同点，那就是先说 Why。例如，乔布斯就是黄金圈法则的极致运用者，在挖百事可乐的总裁约翰·史考利时，乔布斯告诉对方，不是他们的产品有多棒，而是问了对方一句话："你是想一辈子卖糖水，还是跟我一起来改变世界？"苹果公司的成功之道，极大程度上是因为乔布斯的思考模式，也就是黄金圈法则的加持。

在实际工作和生活中，绝大多数人的思考、行动和交流的方式，都是在最外面的 What 层，也就是从做什么开始，然后说 How，最后说 Why，甚至不说 Why。例如，在本节开篇的例子中，小王在表达时就陷入了不断描述细节，反复说 What 和 How 的误区，只描述表象，看不到 Why，效果可想而知。

你需要遵循一个策略

在表达时，千万不能落入大众化思维的误区，一定要去关注思考和表达的顺序，先思考 Why，再思考 How，最后思考 What。我们以本节开篇的故事为例，对如何使用黄金圈法则进行详细介绍。

第一步：先思考 Why

从内向外思考，从最里面的 Why 层开始思考，为什么？

想一想，领导提出问题之后，他究竟想要听什么？是要细节，还是高度？毋庸置疑，领导更希望听到简单有力、有思想、有高度的表达。为什么？因为领导一般都比较忙，没有太多时间听细节，更何况是在等电梯这个场景了。

第二步：再思考 How

只有想明白了最里面的 Why 层，第二步才是思考中间的 How 层，也就是"怎么做"。

基本上，我们可以快速梳理好表达策略，先给出明确又正向的结论，然后基于结论给出具体事实来支撑，一定要保证观点明确、事实充分。通过这样的表达逻辑来引导领导的思路，使其跟着我们的思路走，领导想不满意都很难。

第三步：最后思考 What

Why 层和 How 层梳理清晰后，What 层的做什么，就水到渠成了。

综合前面两步的思考逻辑和策略，接下来我们就可以做到胸有成竹的表达，既然已经确定领导希望听到正向反馈的结论，就可以这样来表达：

> 李总，为了搭建公司的产品护城河，形成矩阵式战略布局，我提交了新的产品方案。

观点明确的表达，让领导一听就明白了，不仅传递了正面信息，也让领导对接下来要表达的内容充满好奇。那么，你就可以顺势给出具体的安排。例如，你可以这样说：

> 并且，我打算采用软件自研、部分硬件设计外包的方式制作这款产品，如此一来，至少可以节约30%的研发成本，提升40%

以上的研发速度。

至此，你给出了开发新产品的意义，也给出了开发新产品的做法，最后如果还有时间，可以再讲讲新产品的特点。例如，你可以这样说：

这款产品的外观设计将非常时尚，功能也非常贴近现阶段客户需求。

我们体会一下，差别在哪里呢？差别就在于，先说 What 是从细节入手，而先说 Why 是从战略高度入手，领导更关心哪个呢？显然是后者。

如果你是领导，你的下属如此回答你的问题，既切中了你的痛点，又给出了明确的方向和解决方案，你是否会被打动和说服呢？我相信，这一定是一次让领导印象深刻的沟通，未来如果有更好的发展机会，领导也一定会优先考虑这位下属。

总结一下

每次与领导的闲聊都是一次自我展现的机会。

正视这样的机会，运用黄金圈法则，特别要注意，先思考 Why，再思考 How，最后思考 What，如此思考表达，定能轻松表现自己，同时让领导刮目相看。

第五章

遇到复杂情况，表达需要注意多换位

第一节 需求配合：如何在工作难度大、任务重时，寻求同事的配合

你是否遇到过类似场景

在职场中，你是否处理过需要团队成员配合的工作？

我们发现，当需要他人配合的时候，积极主动配合的人非常少，大多数人都是在你催了之后，拖拖拉拉地干一点，而如

果你不催，就不会有人把这事放在心上，甚至更有一些人，你催了也没用。

原因很简单。

对你重要的工作，对他人可能不一定重要。

由你主导的任务，一般都会算作你的工作成果，而对非主导人员来说，无论是物质上还是精神上，他们都看不到好处，只看到付出，自然就不会心甘情愿去做。

况且，就算领导追究下来，和他关系也不大，毕竟主导人是你，责任也是你的。

久而久之，你不再努力寻求配合与帮助。

美国最大的职业社交网络公司领英，在 2018 年 8 月进行了一项针对职场挑战的调查。

大约 84%的受调查者承认自己在工作中需要帮助，但是，有 35%的人承认自己害怕在工作中寻求帮助。他们宁肯加班，也不愿意去寻求帮助。

我们需要明确一个概念

在这里我介绍一种交际方式：在职场上，采用正确的求助方法和沟通技巧请求配合，是一种非常重要的交际方式。这种方式既能帮你解决燃眉之急，也能自然地展示自己的品性和能力。

例如，会求助，可以拉近与同事的关系；会求助，能找人分担繁重任务；会求助，可以锻炼领导力。

所以，不论是不敢求助、不敢开口，还是求助被拒，同事不配合你，你都需要正视这件事，想办法改善这种处境。

你需要遵循一个策略

既然请求配合算是职场中的大事，那么是否可以利用"重要的事情说三点"的方法呢？答案是肯定的。

你可以围绕这三点展开沟通：

（1）用巧妙的语言，让对方想帮你。

（2）用清晰的表达，让对方知道如何帮你。

（3）用诚挚的谢意，让对方感觉自己没白忙活。

你是否觉得这听起来挺简单的？

这就像"重要的事情说三点"一样，听起来简单，做起来，还是有一点点难度的。

不过别急，我带着你一步步来。

第一步：用巧妙的语言，让对方想帮你

这一步很重要，它是你这次请求配合是否能够成功的关键。

你首先就要克服求助时的恐惧心理，要明白大多数人是非常愿意伸出援手的。

康奈尔大学一组研究人员发现，当人们向陌生人求助时，陌生人提供帮助的比例，比人们预计的平均高 48%。研究还表明，人们低估了助人者所愿意付出的努力。

你可以认为，大多数人天生爱帮忙。但是，你需要用自己的语言，让你的求助对象感到，他提供帮助是出于自愿，而非被迫，他拥有帮或不帮、配合或不配合的决定权。

所以，比起直白地告诉对方"你能帮我一个忙吗"或"你能配合我做某项工作吗"这种带有一些压力的表达，以下几个小技巧可能让对方更愿意配合你。

1. 告而不求

《红楼梦》有这样一个场景。

> 刘姥姥到了荣国府，并不明说来意，和周瑞家的说的是：原是特来瞧瞧嫂子你，二则也请请姑太太的安。若可以领我见一见更好，若不能，便借重嫂子转致意罢了。

> 最后，刘姥姥获得了大丰收，满载而归。

你也可以试着对同事说：

> 客户那边又催了，如果这周还拿不出方案，我的年终奖估计悬了。

如果同事有心帮你，又有时间，大概率会开口询问具体情况。只要他开口，这事儿基本就成了。如果不开口，就试试第二个小技巧。

2. 唤起求助对象对"弱者"的同情

在这里不是让你卖惨，而是在需要对方配合的工作上，承认不如对方，需要对方。

你可以这样说：

> 对你来讲简单至极的色彩搭配，我基本上一窍不通，如果我能有你十分之一的功力就好了。

如果对方还是无动于衷，就试试第三个小技巧。

3. 将所需配合或帮助最小化

对方一直不帮你，也可能是你们两个人的关系还没达到帮大忙的级别，那么你就可以试着将大忙转化为小忙，使对方仅从最基本的同事关系这一条出发，就很难拒绝。

你可以这样说：

> 要不，你帮我看一眼，帮我选一个色调，我实在不知道客户的这款产品用冷色调好，还是暖色调好，更别提后面的色彩搭配了。

至此，对方一定没有再拒绝的理由了。

第二步：用清晰的表达，让对方知道如何帮你

有时，同事已经答应帮你了，但是迟迟不行动，或者进度缓慢，这时，你先别着急抱怨他人不配合你。

你要做的是，先审视自己有没有问题：

- 你有没有把自己负责的这件事搞清楚？

- 你有没有将同事需要做什么表达清晰？

在色彩搭配的例子中，需要对方帮忙选一下产品的色调，就是明确的需求。这比"你帮我看下这个怎么办""你帮我看下这个色彩如何处理"明确得多。

当任务不清晰时，你自己都做不好，能怪他人拖拉吗？

所以，越是复杂和棘手的任务，越需要你对任务了解透彻，不仅要知道自己应该如何做，还要用简洁的语言，将自己需要他人配合的内容清晰地表达出来。

这就要求你在请求同事配合时，务必说清楚以下三件事：

（1）需要对方做的具体工作内容。

（2）这项工作的最终标准。

（3）这项工作的最后完成时间。

例如：

> 麻烦你帮我确定一下这个产品包装的配色好吗？客户想通

过配色表现出产品酸爽的特点，我实在对酸爽没有任何灵感。我

相信，有你的帮助，明天下午应该就可以约客户看初稿了。

第三步：用诚挚的谢意，让对方感觉自己没白忙活

人们都希望自己的行为产生好的结果，这是成就感的来源。同样，人们也都希望看到自己提供的帮助产生效果。

心理学家认为，感受到自己的行为达到预想中的效果，是人类行动力的根本内因，会让人感到参与感与意义感。

所以，在我们接受了他人的配合和帮助，达成结果后，能够凸显对方价值的感谢，一定好过平淡无奇的一句"谢谢"。

你可以试着说：

谢谢，正是有你的帮助，我才顺利完成这项工作，而且客户对于配色部分尤其满意。

总结一下

请求同事配合或帮助，是职场必修课。

学会用巧妙的语言，让对方想帮你；用清晰的表达，让对方知道如何帮你；用诚挚的谢意，让对方感觉自己没白忙活。这样不仅能够让你在工作难度大、任务重时，迅速获得他人的配合与帮助，解决燃眉之急，还能够锻炼你的职场沟通能力、人际关系处理能力。

你是否遇到过类似场景

因为 A 公司的报价系统特别复杂，所以销售员自己不报价，一般都是后台支持部报价。销售部小王找到后台支持部小李沟通一个项目报价单，客户要求在一天内做一个报价。小王觉得，这是一个难得的大客户，在跟了半年之后，终于向公司抛出了橄榄枝，所以千万不能错过这个千载难逢的机会。如果抓住了这个客户，将对公司特别有利，估计会提高 10%的销售业绩，这个客户一定能成为公司的一个战略级大客户。

于是，小王第一时间就给他对接的负责报价的小李发了邮件，让小李帮忙做份报价。结果小李回复说："我在休假，你要不就等一下，我今天不方便给你回。"这家公司是外企，比较尊重个人的利益和时间。

如果你遇到这种情况，怎么办？

相信大家在跨部门沟通的过程中都遇到过类似情况，明明这件事对公司有好处，为什么怎么沟通都不行呢？

那么，如何通过"结构思考"的方式来解决跨部门沟通的难题，既能顺畅沟通，让对方欣然接受并乐意帮你把事干了，还能提升部门形象？

我们需要明确一个概念

在这里我介绍一个法则：AB 法则。其中，A 指的是受众（Actor），B 指的是行为（Behavior）。

1. 受众

受众是你的沟通对象是谁。不同的沟通对象，其关注点是不一样的。给不同的沟通对象讲，期待的行为是不一样的，目标是不一样的，所以你所表达的内容肯定是不一样的。

因此，当你跨部门沟通的时候，一定要去思考，你要沟通的对象，有哪些问题是他在意或关心的。如果能帮他一一解答，让他无后顾之忧，有做事的动力，就会事倍功半，成功的可能性将大很多。

2. 行为

行为是在你与对方沟通之后想让对方有哪些动作，也就是你的沟通目标。例如，在跨部门沟通中，你一般的诉求都是希望对方能够答应你的请求，然后按照你的请求帮你把事干了。

这体现了心理学上的一个概念，叫换位思考，平时我们习惯于告诉对方我们有什么，而换位思考是从对方角度看对方关心什么。在跨部门沟通时，这一点显得尤为重要。

你需要遵循一个策略

虽然有了 AB 法则，但你可能觉得做起来有点难。下面给大家介绍一个实际可用的策略。

第一步：从对方的角度，看看对方关心什么，有哪些痛点和障碍

我们设想一下，此刻的小李会怎么想。

> 凭什么？我在休假，你这不是增加我的工作量吗？签单跟我有什么关系吗？我就是做后台支持的。你让我给你出报价，心情超级不爽，情感上过不去，耽误我美好的休假时光！客户让一天出报价就一天，我也是有自己的人权的！这虽然是我的工作职责，但是我在休假呢……

如何说服小李呢？即如何解决他的痛点和障碍，这是第二步要做的事情。

第二步：解决对方的痛点和障碍

小李在情绪上、道理上、利益上一直过不去。如果从这三个方面帮小李解决了痛点和障碍，那么小李出报价的可能性就会增加。

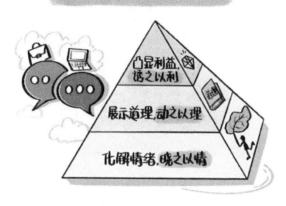

1. 化解情绪，晓之以情

第一，在职场中，销售部和后台支持部是配合部门，抬头不见低头见，所以给他人方便，就是给自己方便。

第二，虽然报价这件事应该由后台支持部来做，但是可以找一个相关案例，先把报价做出来，然后由小李来审核。意思是，我不是把这个扔给你，你就得帮我兜着，而是咱俩一起努力。

第三，一般情况下，后台支持部最不喜欢的就是，销售部什么都答应，以及为了签单没有底线，然后所有的坑都需要后台支持部去填。

2. 展示道理，动之以理

道理上，从公司的业务流程来看，销售部和后台支持部是上下游的关系，但实际上没有哪个部门必须服务于哪个部门的说法。

一般来讲，流程是这样的：如果你不管，那么我会找到我的领导，我的领导会找你的领导，最后你的领导还是找到你，其实你更不爽。

3. 凸显利益，诱之以利

如果这个单子拿下来，对于销售部有利益，但是对后台支持部有利益吗？其实没什么利益，而且给后台支持部的员工找了不少麻烦。

但是，这件事要是做成了，对公司特别有利，"估计能提高 10% 的销售业绩"，实际上对公司的战略层面还是有价值的。可以说，是小李推动了这个项目的成功，而此时小李的举动就可以称为深明大义了。

所以，最后销售员小王是怎么说的呢？

第一点：客户让我一天就出报价。但我经过了多方争取，争取到了一天半。

第二点：你无须重新给我做一个报价，而是我做一份，你帮我审核。

第三点：我们是上下游部门，抬头不见低头见，这一次是我请你帮忙，以后，如果你有需要我帮忙的，我一定责无旁贷。

第四点：如果你不管，那么我会找我的领导，我的领导会找你的领导。如果你的领导把这事压下了，还得你做，但你肯定不舒服。所以，咱俩先沟通，如果你有困难，只要我们能帮上的，我们一定尽力去做。这件事咱俩一起努力。

这四点不仅符合 AB 法则，而且于情于理，小李已经找不到反对的理由了，自然就同意了，也就达成了目的。

需要特别说明的是，有时利益点可能比较难找或者找不到，所以，仅仅利用前两点说服对方也是可以的。

总结一下

结构化表达有一个非常重要的法则就是 AB 法则，A 是受众，B 是希望受众听完之后采取的行为或者达成的目的。也就是，确定沟通对象是谁，以及你希望他听完你的表达之后有什么行动。文中介绍了三个可以参考的方面——化解情绪，展示道理，凸显利益；总结一句话就是晓之以情，动之以理，诱之以利。

第二篇

如何结构化地写

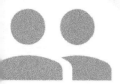

第六章

总结，写完就能体现价值

工作总结：如何通过工作总结让领导认可你的工作

你是否遇到过类似场景

下面是小王的年终工作总结：

2022 年工作总结

一、日常工作

1. 日常业务衔接，仔细处理客户咨询电话的接听；

2. 认真做各种报表的统计、汇总、报告的打印转发；

3. 加强公司职工安全教育培训。

二、工作中的不足

业务技能和服务技巧还有待提高。

三、今后努力的方向

加强自身的学习，拓展知识面；增强自身的沟通能力，做好后勤保障工作。

你的工作可能远比小王的复杂。为了显示你做了很多工作，你洋洋洒洒地列了十几条。但是你发现，你认真展示的时候，领导却在看手机。为什么？这时你不禁委屈起来，心想，干了再多的活，也换不来领导的一个回眸。

领导为什么看不到你？是因为你的工作报告太普通了，罗列的内容都是你应该完成的，不足和努力也只是泛泛而谈，没有深度思考。没有亮点的报告怎么能让领导在众多人中看到你呢？

我们需要明确一个概念

在这里我介绍一个法则：CAP 法则。

一份好的工作总结不只是一段时间内所有工作内容的简单罗列，也是个人对公司贡献的衡量，以及个人自身价值的体现。在体育界，有一个术语叫"帽子戏法"，指的是一名球员在同一场比赛中连进三球，意为和魔术师变戏法差不多，令人惊奇和赞叹。这个让工作总结发光的"帽子戏法"

——CAP 法则（Complete，完成；Analyze，分析；Plan，计划）可以让你轻松获得领导的认可。

你需要遵循一个策略

第一步：Complete，数字成果展示

我们换位思考一下，从公司和领导的角度来看，他们为什么要看你的工作总结呢？很简单，他们要看在公司为你付出了时间、精力、金钱之后，你给公司带来了什么，你最终实现的业绩是什么。所以，工作总结的第一步是要展示你取得了哪些成果。很多人习惯写自己做了什么，即自己的行为，而不习惯写自己做成了什么，即自己的成果。什么是成果呢？成果是工作取得的成就。举个简单的例子，一个销售人员一天打了 30 个电话，这是行为，通过这 30 个电话邀约到两个人来店铺参观，这是取得的成果。

成果应该如何展示呢？很简单的一个办法：用数字说话。

很多公司对员工都有业绩考核，如何考核？KPI（关键绩效指标），这就是用数字说话。所以在工作总结时，我们也可以用数字展现工作成果。如果公司有 KPI 考核，就可以直接通过 KPI 进行成果展示。在这里，你可能会说，公司没有 KPI，或者你的工作偏向文职，没法用数字说话，应该怎么办？

例如，你的工作总结原本是这样的：

工作内容：

一、加强公司职工安全教育培训

1. 组织安全教育培训。

2. 进行安全教育考核。

这些都是日常的工作行为，不是工作成果。那么，成果展示是什么呢？

工作成果：

一、上半年组织 3 场安全培训，到场 100 人，考试合格率 100%

1. 1月1日、3月1日、5月1日组织3场安全教育培训。

2. 总计到场100人，员工覆盖率98%。

3. 考试合格率100%。

这样的成果展示，既体现了你干了多少活儿，也给了领导一个明确的结果"考试合格率 100%"，表明培训工作你完成得不错。

总之，要用"数字"去说明你的工作成果、你对公司的贡献，让领导觉得"工作完成得不错"，这是第一个进球。

第二步：Analyze，结构化分析

我们在工作中一定会遇到各种各样的问题。要妥善解决这些问题，不仅要对问题有充分的认识，更要进行全面而系统的分析。只有这样，才具备了解决问题所需的前提条件，从而为最终的问题解决做好准备。

如何全面而系统地分析问题？一个简单的方法：通过画结构图，去结构化分析问题。

例如，今年销售目标没有完成，那么在工作总结中你要分析没有完成的原因。大家都说是因为今年市场行情不好，以及产品价格高于竞争对手。那么，还有其他方面的原因吗？如何结构化分析呢？

1. 写出问题

我们要分析的问题是"销售目标未完成的原因"，将它写在结构图的最上面。

2. 呈现有形的结构

任何企业或行业所在的领域都应该有清晰的结构，即包括由不同单位组成的系统，各自完成某项特定的功能。画一幅系统的现况或理想状况的结构图，将帮助你找到产生问题的原因。

通常来讲，影响销售的主要因素有四个方面——价格、产品、服务、市场条件，这是结构图的第二层。

那么，影响价格的因素都有哪些呢？产品成本、竞争性价格会对销售造成影响。影响产品的因素呢？产品的质量、设计、适用范围都会影响销售。同样，影响服务和市场条件的因素也可以细分。这样，我们就可以画出一个既全面又有层次的结构图。

3. 寻找因果关系，找到问题的原因

结构图画出来后，你就可以结合今年的实际情况，分析一下在这些板块中哪些对销售造成了影响。最终你发现除了市场条件不好，售后服务问题最大，它所包含的技术支持和交货配送都对销售造成了很大影响。这个问题在之前没有得到重视，由此可以总结出下一个阶段最需要关注的就是，如何改善售后服务。

利用结构图去分析工作中遇到的问题，会让整个分析过程既全面又系统，让领导觉得你对出现的问题有深度思考，这是第二个进球。

第三步：Plan，有时间、有细节地做计划

"凡事预则立，不预则废。"做事没有计划，行动起来必然会是一盘散

沙。这个道理我们都懂，可是做出来的计划基本上流于形式，停留在表面，难以有效实施。

如何写一份可以实施的计划呢？方法是，在你的计划中加入时间、细节。

一般工作总结中的计划分为短期计划和长期计划。

短期计划强调的是提高岗位能力，包括如何更好地完成业绩，解决之前存在的问题等。例如，之前在销售方面存在问题，经过分析，服务质量跟不上，那么接下来的计划就要解决这个问题。那么，什么是有时间、有细节的计划呢？如下所示：

一、半年内提高技术服务质量

1. 每周对技术支持进行一次产品培训及考核。

2. 每月根据客户的满意度评价对技术支持进行奖惩。

长期计划强调的是提高综合能力，例如：

一、增强自身沟通能力

1. 每月读三本沟通方面的图书，并且要做读书笔记。

2. 积极参加公司组织的各种培训，利用各种机会锻炼自己的沟通能力。

这样的计划不仅让老板觉得你有能力，你自己实施起来也不是难事。

总之，用"有时间、有细节"的计划，让领导觉得你"对未来有规划"，这是第三个进球。

总结一下

遵循 CAP 法则做工作总结，即用数字去展示工作成果，用结构图去分析问题，用时间、细节去落实计划，通过"过去有业绩""现在有思考""未来有计划"这三个进球，让领导认可你的工作。

第二节 项目总结：如何通过项目总结展示工作成果

你是否遇到过类似场景

终于忙完了一个项目，可是你还是不能放松，因为还有令你头疼的项目总结等着你呢。愁死人了，天天总结真不知道有什么用？抱怨归抱怨，你打开了以前的项目总结书，把总目录先粘贴过来，然后按照目录开始忙碌起来。

将写完的项目总结拿给领导，领导看了后说："据我了解，这个项目完成得不错。不过，看你这总结，感觉这项目一般。"辛苦做了大半年的项目，结果被一篇项目总结给拉后腿了，你真的有苦说不出。项目总结不都是这些内容吗？大家不是都那么写吗？

虽然项目做得好，但是项目总结写不好，不能在领导面前展示自己的成果。如果一个完美的项目是 100 分的话，项目本身占 70 分，剩下的 30 分就看总结的能力了。那么，应该如何做好一个项目总结，稳拿 100 分呢？

我们需要明确一个概念

前面我们讲了如何写工作总结。如果说工作总结体现的是你对公司的贡献、你自身的价值，那么项目总结就比较简单了。它体现的是这个项目完成得好或不好，以及为什么。所以，好的项目总结可以让大家快速获取项目的关键结果和关键信息。

在这里我介绍四个步骤：简明扼要，开宗明义，有理有据，归纳概括。通过这四个步骤，可以做好一个项目总结，帮助你拿到 100 分。

你需要遵循一个策略

项目总结一般包含以下信息：

- 项目基本信息。

- 项目完成情况。

- 项目实施总结。

- 经验与教训。

接下来，我教大家如何写项目总结。

1．项目基本信息——简明扼要

很多项目总结动辄几十页 PPT，项目背景就占了一大半，其实这些信息在项目立项的时候已经说得很清楚了，所以在项目总结的时候简单交代一下即可。

项目基本信息一般包括三项：项目需要解决的问题、项目时间、参与人员。可以根据项目的不同情况进行删减，但是一定要谨记"简明扼要"这个原则。

2．项目完成情况——开宗明义

项目完成情况一般是指目标完成情况或任务完成情况。在这里，需要做到"开宗明义"，也就是我们说的"结论先行"，在开头就要说结论。

为什么？

如果让领导在第一时间了解到项目完成的核心观点，之后再做细节性的解释和说明，更有利于引导领导的思考重心向我们期望的方向转移。否则，一开始就抛出很多对具体事项的描述，让领导边看边猜。这样就容易产生两种结果：要么领导猜烦了，一怒之下不看了；要么领导自己得出一个结论，而且和你的结论还不一样，你再说服他就比较难了。

我们来看一个例子：

项目开发完成情况

经过对客户使用过程的观察，此项目开发得还是比较成功的，但存在着一些问题，造成这些问题的原因是多方面的。例如，前期系统数据库的设计缺陷和部分代码的构建缺陷，以及客户需求的理解上存在一定问题，这就需要我们用一定的时间来维护客户使用过程中提出的新问题和存在的漏洞。总的来说，此系统的功能开发还是一个比较成功的案例。

在这个例子中，虽然最后表明了结论"是一个比较成功的案例"，可是领导在听到"存在着一些问题"时，就会想到"有问题？有哪些问题？"，这时他的思路可能就和你的不一致了，所以我们要在第一时间就把结论表达出来，做到"开宗明义"。

3．项目实施总结——有理有据

项目实施总结主要说明的是，在项目实施过程中发生的一些事情以及完成的结果，如项目工作量说明、项目进度说明、项目风险及解决、实施情况总结等。这一部分要做到"结论明确，理由充分"，不仅要有结论，还要给出充分的理由和依据对结论进行支撑。

我们来看一个例子，这是项目总结中的一部分。

一、系统开发进度

1．系统开发了六个多月的时间。

2．作为一个市级应急平台，开发时间要求相对比较紧。

3．对客户需求的理解比较透彻。

综上，此项目的开发效率比较高。

我们看看这里有什么问题。首先，结论在后，而且不够明确。什么"比较高"？和谁比较了？标准是什么？在项目报告中，忌用这种"模糊"的表达。其次，三个理由不能很好地支撑结论，虽然看似和结论有关，但实际上理由和结论之间并没有对应关系。六个月的时间和计划相比，是提前了，还是拖后了？对客户需求的理解比较透彻，那么，透彻能代表完成得如何吗？这些都没有明确的说明。那么，应该如何修改上面的例子呢？

一、项目的开发效率高出预期目标

1. 时间虽紧，还是提前完成

A. 一般项目开发需要七个月，因为紧急需求，此项目要求在六个月内（7 月 15 日）完成。

B. 预计 7 月 15 日完成，实际完成时间 7 月 1 日。

2. 客户需求都得到实现

A. 根据客户需求做了详细的开发任务。

B. 需求全部实现。

这样的表达使结论和理由之间形成了严谨的对应关系，表达的说服力增强了，你的可信度也提高了，这就是"有理有据"。

4. 经验与教训或者问题与建议——归纳概括

项目总结的最后一部分是谈一谈你在这个项目中得到的经验与教训，遇到的问题与提出的建议。在这部分经常遇到的问题是，你可能有很多想法，可以说出十几条，但你到底要表达什么，领导不太清楚。

我们来看一个例子。

一、开发团队的经验总结

在项目确立后，要尽快建立项目开发团队。另外，团队中要有一个项目负责人，此人无论是在与客户的沟通上还是在技术上，都是很出众的。项目负责人要在客户与团队成员之间进行良好的沟通，以更好地理解客户对产品功能的需求。人的记忆力总是有限的，所以就要求团队成员尽量书写一些开发文档，这些文档往往是我们在项目开发后期要用到的可寻资料。

从例子中可以看出，对于开发团队你有很多想法，但是没法得出一个总的结论。在此教你一个很简单的方法：自下而上去归纳概括。在这个例子中，总共说了三个方面的事情，包括搭建团队的时间、负责人、资料提取。这三个方面是相互独立、没有重复的，所以对它们直接进行概括，就可以得到了结论："经验总结：一、尽早建立开发团队，指定负责人，并且建立文档机制。"通过这样的方法，不仅可以梳理出你想要表达的观点，也会让领导准确理解你要表达的意思。

总结一下

根据项目报告的四部分内容，我们分别介绍了每部分的具体写法：基本信息简明扼要，完成情况开宗明义，实施总结有理有据，经验与教训归纳概括。通过这四部分，你可以充分展示你的项目成果。

第三节　会议纪要：如何用看似简单的会议纪要展示工作能力

你是否遇到过类似场景

很多公司的很多部门是没有专门的文职人员的。那么，部门开会时谁来做会议纪要呢？大概率是领导指派。一开始领导并不清楚谁会写，可能随机抓一个人，写得好，下次继续，写得不好，换个人试试。

轮到你写会议纪要的时候，你有点忐忑，在整个会议期间全神贯注，不舍得漏掉半个字。最后，你非常仔细地将整个会议的所有内容完完整整地记录了下来。整理、打印、装订、递交，原本以为会得到领导表扬的你，听到的却是："我要的是会议纪要，不是会议记录！"

你感觉有点委屈。倔强的你仔细查询了一下才知道，会议纪要，重点是最后的那个"要"字，只要求记录重点，以便快速传递或者同步信息。它有别于力求详尽准确、动辄几十页纸的会议记录，而是越简单越好。

你现在知道了，看似简单的会议纪要其实不简单，对不对？

不过，你的心态好，没写好就没写好吧，正好让领导知道，你不会写，以后省得麻烦了，毕竟自己的工作还一大堆呢。

如果你这样想，就大错特错了。

我们需要明确一个概念

在这里我介绍一下会写会议纪要的好处。

1. 展现你的工作能力

在会议纪要的阅读者中，一定包括领导，所以一份优秀的会议纪要，就是你展现自己全方位能力的天然平台。

2. 培养你的全局观

无论是写部门会议纪要，还是公司会议纪要，都可以倒逼你的成长，让你跳出自己的岗位范畴，帮你建立良好的全局观。

3. 提升你的个人曝光度

首先，会议纪要会被发到各个领导和同事那里，甚至会议上的一些确认项也需要你来弄清楚，时间久了，你就是一个"信息中转站"；然后，领导在参加与其他部门、其他公司的会议时，也会把你带在身边，不仅让他们认识了你，你也获得了跟更多高人学习的机会。毕竟，你的会议纪要里可是他们的智慧结晶。

即使你不是会议纪要的"官方"指定者，自己私下做好会议纪要，也可以帮自己更加深刻地理解部门或公司工作，为自己的职场能力加分。

所以，不管你是不是专职的文职人员，都要写好这份会议纪要。

你需要遵循一个策略

那么，会议纪要究竟该如何写呢？

答案是：用模板。

在此我介绍两个模板：速记模板和呈现模板。你需要搭配使用这两个模板：会议进行中，用速记模板，记录发言要点；会议结束后，用呈现模板，整理速记内容。

1. 速记模板

速记模板是帮助你在会议中快速记录会议发言人所输出的各种信息的，方便会后的快速整理，我称其为"空雨伞"速记模板。

这个速记模板的使用非常简单，你只需将笔记本页面或 A4 纸页面等，用 T 字划分成空白的"空雨伞"三个部分即可。

- T 字左下角的三分之一部分记录"空"，它代表目前的实际情况，就好似"天空中有乌云"，需要我们注意了。

例如，销售部李经理汇报，公司第二季度销售量同比下滑 20%。

- T 字右下角的三分之一部分记录"雨"，它代表对事实情况的解释、推理和判断，就好似"乌云预示着下雨"。

例如，销售量下滑是由两方面原因造成的：一是疫情原因，门店销售量下降了 50%；二是线上销售平台老旧，客户接待数遇瓶颈。

- T 字顶端三分之一部分记录"伞"，它代表根据上述内容采取的行动，就好似"下雨天出门，得带伞"。

例如，建议采取以下措施提升销售量：一是加大线下促销力度，吸引新老客户；而是尽快对线上销售平台进行升级改造，提升线上交易量。

"空雨伞"速记模板的结构框架十分清晰，使用起来容易上手；而且制作简单，画两条线即可，可以根据会议发言者的多少，随时增减，十分方便。

2．呈现模板

和速记模板不同，呈现模板输出的内容是要给他人（尤其是领导）看的，以方便领导和同事快速统一会议思想和会后行动。

呈现模板的内容比速记模板多一些，它们是：

- 会议整体概况。包括会议初始主题、会议日期、参会人。

- 明确的会议议题。这个议题和会议初始主题可能相同，也可能不同，根据实际会议进程填写即可。

- 问题区。大多数会议针对的是一个问题，但也可能是多个，注意标注清楚。

- 分析区。记录对问题产生原因的分析。

- 方案区。记录每个待解决问题的对应方案，并标注清晰是针对哪个原因的方案。

- 决策区。记录最终决策。注意，最终决策一定要包含四方面的内容：做什么？谁负责？什么时间完成？达成什么效果？

呈现模板的使用也非常简单，你只需将速记模板中"空"的部分对应写进"问题区"，将"雨"的部分对应写进"分析区"，将"伞"的部分对应写进"决策区"，再稍加整理和补充即可。

这样，一份完美的会议纪要就在你的手里诞生了。

总结一下

写会议纪要是职场中的必修课，它可以展现你的工作能力，培养你的全局观，提升你的个人曝光度。

即使领导没有要求你写，你也应该掌握它的写作方法，并在每次会议中尝试使用速记模板和呈现模板相结合的方式完成它。

第七章

方案，写完就能打动受众

销售提案：如何写出让老板认可、客户点头的提案

你是否遇到过类似场景

你给客户做了一个销售提案，发出去之后客户久久没有回应。如果你问客户，客户会说还要再考虑一下。你从其他渠道得知，有好几个同行也给这个客户发了提案，都在等回复。为什么客户一直没有回复呢？

销售产品给客户和参加面试是一个道理，客户和面试官在面对众多选择的时候，心里都会有一个问题："我凭什么选你？"

如果能够很好地回答这个问题，你就赢得了客户，否则客户就要去权衡。

销售提案，也称销售建议书，是供应商为促成交易而提交给客户的书面供货方案，一般在交易的产品或服务比较复杂、价格较高、对客户的意义重大时使用。所以客户对销售提案的选择非常慎重，这时你的提案就要有很强的说服力，去告诉客户"选我"。

那么，如何增强销售提案的说服力呢？

我们需要明确一个概念

和口头表达不太一样，销售提案有足够的时间、条件可以呈现产品是如何提供解决方案并给客户带来利益的。销售提案有利有弊，有利的地方在于，我们有足够多的准备时间，对客户的问题和需求进行分析、归纳、整理，然后做出提案；有弊的地方在于，客户有时间来判断是否要选择我们。这就在考验我们的提案是否能做到环环相扣的严谨论证，也就是说，提案的逻辑推理能否说服客户。

在这里我介绍两个逻辑推理的方法：演绎推理和归纳推理。

1．环环相扣的演绎推理

在多数情况下，人们常说的逻辑推理通常是指"演绎推理"。它有多种形式，其中最重要、最常见的是"三段论"。一般来说，三段论由三个部分组成：大前提、小前提和结论。大前提是一般性原则，小前提是一个特殊陈述，而结论是在大前提和小前提的基础上得出的。

我们来看一个例子：

大前提：所有人都是必死的。

小前提：苏格拉底是人。

结论：苏格拉底是必死的。

由此我们可以看出，演绎推理是一种"自上而下的逻辑"。这是什么意思呢？这就是说，在以三段论为代表的演绎推理中，如果所有的前提都是对的，同时推理的规则没有问题，那么结论一定是对的。演绎推理还有另外一种常见的形式，那就是"现象—原因—解决方案"。这一形式虽然没有体现出明显的逻辑推理关系，但背后支撑的依然是三段论演绎推理。

2. 寻找共性的归纳推理

归纳推理是从个别事物推导出一般结论的过程。它更多使用的是我们的观察和经验总结。例如，一个小区坐落于市中心，房子很漂亮，小区环境也很好，我们就会推理出这里的房价很贵，户主很有钱。

由此我们可以看出，归纳推理是"自下而上的逻辑"。在这种推理中，论证的前提是通过大量观察获得的例子，因此结论成立的可能性很大，但不等于一定成立。因为只要有一个新的不符合结论的例子出现，就能推翻归纳推理的结论。

无论使用的是演绎推理还是归纳推理，目的都是增强表达的逻辑性，更好地说服客户。

你需要遵循一个策略

下面我将介绍一个策略，让你先找敌人，再选武器，一招制胜，将客户轻松说服。

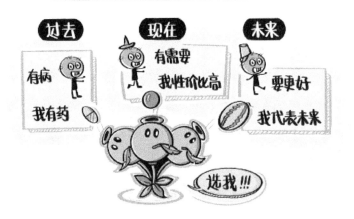

第一步：找敌人

说到销售，一定要挖掘客户的需求、客户的痛点，而准确地发现客户的需求往往是最难的。如果连敌人都找不到，如何战斗呢？

这是一个倒着来的方法，首先告诉你客户的需求有哪些种类，然后根据了解的信息，对号入座，找到客户的需求。

我们可以根据归类分组的 MECE 原则，从时间的角度出发，将客户的需求划分为三大类。

（1）过去的需求：客户过去出现了问题，需要解决问题。

（2）现在的需求：客户现在有现实的需求，需要进行选择。

（3）未来的需求：客户希望未来更好，需要创新机会。

现在我们知道了客户的需求种类，接下来结合了解到的信息，判断客户的需求属于哪种，从而找到对的敌人。

第二步：选武器

对不同的敌人需要选择不同的武器。对不同的客户需求，我们选用的说服方法也不一样。

1. 过去的需求用"现象—原因—解决方案"的演绎推理

客户在过去出现了问题，需要尽快解决，这时说服客户的最好方法就是帮助客户解决问题，简单来说，就是"你有病，我有药，选我"。

我们来看一个简单的例子：

现象：贵公司在过去一年出现了三次严重的财务数据泄露。

原因：贵公司过去的财务系统开发不完全，存在三个方面的漏洞。

解决方案：我们的产品就是针对系统安全问题而开发的，可以快速、有效地解决贵公司财务系统中的三个漏洞。

结论：选择我们，可以帮助贵公司解决问题。

2. 现在的需求用归纳推理

客户现在有现实的需求，需要从众多卖家中做出选择，以满足自身的需求。这时说服客户的最好方法就是告诉他你的优势，货比三家你最强，简单来说，就是"你有需要，我性价比高，选我"。

我们来看一个例子：

> 我们公司的产品系列全、品质优、价格优、渠道多，请选择我们公司作为你们的供应商。
>
> （1）系列全：共有 15 个产品系列，涉及 95%的户外运动，如滑雪、攀岩、冲浪、徒步等。
>
> （2）品质优：产品科技性强，荣获国家专项奖；产品质量高，通过国家认证。
>
> （3）价格优：采购金额大于 10 万元，8 折；大于 50 万元，7 折；大于 100 万元，6 折。
>
> （4）渠道多：实体店、线上店铺均可选购，其中，实体店的网点覆盖各大商场、大型体育场。

3. 将来的需求用"大前提—小前提—结论"的演绎推理

有时，我们会遇到客户现在没什么需求，那么就要给他创造需求，告诉他未来的时代或行业发展是怎么样的，我们的产品是未来必备的产品，简单来说，就是"你想更好，我代表未来，选我"。

我们来看一个例子：

> 大前提：未来是 5G 通信的时代，智能家居会越来越普及。
>
> 小前提：我们公司是智能家居的开创者，而且是龙头企业。
>
> 结论：如果未来想在家居行业占有一席之地，请选择我们公司。

这里要提一句，有时客户不止一个需求，因此在提案中也可以用多种逻辑推理方法。

总结一下

逻辑推理包括演绎推理和归纳推理两种方法，运用这两种方法去说服客户，概括来说就是，过去的需求用"你有病，我有药，选我"的演绎推理，现在的需求用"你有需要，我性价比高，选我"的归纳推理，未来的需求用"你想更好，我代表未来，选我"的演绎推理。

第二节 产品介绍：如何写出打动客户的产品介绍

你是否遇到过类似场景

某制药公司的一位学员交了一份产品介绍的PPT，第一页上写着"××产品介绍"，第二页上是目录，内容如下：

公司简介

产品介绍

生产工艺

发展前景

当看到这样的产品介绍时，你会继续看下去吗？这样的产品介绍平淡无奇，属于老套路，没有新意，更不会让客户产生购买的欲望。现在的产品五花八门，只有你想不到的，没有你买不到的。产品之间的竞争也非常激烈。如果你还是执着于用老套路去介绍产品，那么你和你的产品很快就落伍了。

在信息时代，产品是否好卖，不仅取决于它的使用效果、用途、价值，还在于它的推广。因此，产品介绍就尤为重要。那么，如何写出一份有新意的、打动客户的产品介绍呢？

我们需要明确一个概念

在这里我介绍一个策略：KWT策略。这个策略可以帮助大家写出一份打动客户的产品介绍。

第一步，懂产品（Know the product），在介绍产品之前，仔细学习产品知识，做到真的懂产品。

第二步，写标题（Write a title），给产品介绍写一个标题，而不仅仅是"××产品介绍"。

第三步，讲故事（Tell a story），用讲故事的形式介绍产品，比起产品功效介绍这些枯燥的词语，更能打动客户。

你需要遵循一个策略

下面具体介绍 KWT 策略的操作步骤。

第一步：懂产品

在给客户做产品介绍的时候，对一些比较复杂的地方，如产品的生产流程、原料配比，很多人都是照着 PPT 读的。

每当看到这种场景，我就有种感觉，这些人不懂产品。如果客户也产生这种感觉，就会给你之后的一系列动作制造麻烦。所以，在做产品介绍之前，有件事情需要认真准备：学习产品知识。要想成为产品介绍的专家，就要对产品的来龙去脉、功能特点、使用体验等如数家珍。只有足够了解产品，才能做出精准的、打动客户的产品介绍。

那么，如何才能做到懂产品？我们可以从横向、纵向两方面对产品进行全方位的学习。通过前文介绍的结构图，从横向上看问题可以更加全面，从纵向上看问题可以更加深入。我们学习产品知识的时候，也可以从这两个方面着手。

1．横向全面了解产品信息

例如，可以从"前、中、后"三个时间段对产品进行全面的了解。前是指产品出现之前发生的事情，包括产品的设计初衷、设计流程、设计工艺、原料配比等。中是指产品现在的状态，包括产品的功能、优点、用法等。后是指使用产品之后的状态，包括产品的使用体验、给客户带来的价值和产品的售后服务等。

2．纵向深挖产品价值

例如产品的品牌价值观，就像华为的核心价值观是以客户为中心、以奋斗者为本，长期艰苦奋斗，坚持自我批判。再如产品的设计初衷，就像小米最初就是想制造出一款够酷的国产智能手机。

总的来说，要对产品进行全方位的了解，做到真的懂产品，那么接下来的两步做起来就很容易了。

第二步：写标题

标题的首要作用就是吸引客户的眼球，引导客户查看产品介绍。想一想，在日常生活中我们多少次是因为文章的标题才点击进去看内容的，所以标题的重要性不言而喻。写标题，拼的就是给他人的第一印象。就好比，你想要他人了解你的内在，但是如果他人对你的第一印象不好，导致他人不想和你有进一步的接触，那么更不用说去了解你的内在了。

那么，怎么写标题呢？我教你三个简单的方法。

（1）说好处。你可以将产品最显著的特点作为你的观点直接阐明，表明你的态度。例如，"视野更宽广，看片更沉浸"。

（2）蹭热点。标题尽量靠近热点，最好用上热搜的关键词。例如，"乘风破浪的姐姐们都用它"。

（3）用数字。利用人们对数字的敏感性来写标题，一般用 10 以内的数字。例如，"10 元，解决日常生活最闹心的事"。

写好一个标题的方法有很多，上面是三个最简单的方法。如果还是不会写，那么建议你打开你关注的公众号，看看那些产品介绍的标题，找个点击率高的模仿一下。总的来说，要用一个有吸引力的标题引起客户的兴趣。

第三步：讲故事

使用书面文字进行产品介绍确实比较困难，而讲故事是人们最容易接受的传播方式，许多优秀的产品、传奇人物都是由一个个生动的故事构成的。讲故事可以让你绕开客户对营销信息的愤世嫉俗，也可以吸引客户，调动客户的情绪，激发客户的购买欲望。

那么，怎么讲故事？讲什么样的故事？

1. 怎么讲故事

给大家介绍一个讲故事的套路：英雄之旅。"英雄之旅"（The Hero's Journey）出自约瑟夫·坎贝尔（Joseph Campbell）的经典著作《千面英雄》。坎贝尔是神话研究的顶级学者。他在研究时发现，世界上各个民族的神话传说，虽然故事不一样，但是各位英雄经历的历程大体相似，都会经历一个"英雄之旅"。后来，好莱坞的很多电影都采用了这个模式去设计影片的内容。完整的英雄之旅包括 12 个阶段。我们将这 12 个阶段简化成了三步，教大家讲述一个动人的故事。

（1）英雄遇到挑战。英雄一开始过着幸福祥和的生活，但由于某种机缘或遇到困难，需要做一件事情去改变现状。

（2）英雄接受挑战。英雄踏上冒险之旅，一路披荆斩棘，迎接挑战。

这部分是故事的冲突部分，也是最精彩的。如果写产品故事的话，这部分主要介绍产品或服务是如何以及为什么能够帮助主角克服挑战的。

（3）英雄满载而归。对英雄来说，一个圆满的结局必不可少，这部分也将给你的故事画上一个圆满的句号。在产品介绍时要突出的是，客户在购买产品后，他的生活将发生哪些改变，多长时间能够发生改变，节省了多少钱等。

2. 讲什么样的故事

在产品介绍时可以讲三类故事：品牌故事、产品故事、客户故事。这三类故事可以结合使用，也可以单独使用。

接下来，我们将用英雄之旅的方法给大家列举这三类故事的例子。

（1）品牌故事。小米创始人雷军当年因为使用诺基亚手机遇到问题，给诺基亚写信反馈问题，结果没有得到回复，一怒之下决定自己做手机。在创办小米的过程中，雷军遇到了很多问题，遭受了很多质疑，但是他坚持不放弃，到现在小米已成为业界的现象级品牌。

（2）产品故事。在士力架的广告中，一直是一个人接受各种挑战的桥段。例如，踢球的时候，被"小饿魔"附体，变成了林妹妹；大扫除的时候，被"小饿魔"附体，变成了猪八戒。而最后，他们吃了士力架，马上恢复到精神满满的状态。

（3）客户故事。小朋友在做作业的过程中遇到了难题，家长也解决不了，这时候步步高点读机出现了，帮助小朋友解决了各种难题，最后它会告诉你，在拥有了它之后，"妈妈再也不用担心我的学习了"，它使客户的生活发生了改变。

看完这三个例子后你会发现，它们都用了英雄之旅的套路：英雄遇到了问题，过程中披荆斩棘，最后取得胜利。如果把产品融入这样的故事里，产品介绍一定很精彩。

总结一下

产品介绍的 KWT 策略：第一步，懂产品，从横向、纵向两个方面去全方位了解产品，为后两步打好坚实的基础；第二步，写标题，引起客户的兴趣，可以通过说好处、蹭热点、用数字三种方法来写标题；第三步，讲故事，用英雄之旅的套路来设计品牌、产品或客户的故事，用故事来打动客户。

第三节 竞聘报告：如何 100% 展示工作成果，抓住晋升的机会

你是否遇到过类似场景

最近，小王注意到公司有一个岗位在进行内部招聘，这使得小王既兴奋又踌躇。兴奋的是，这是小王向往已久的岗位，而且这是一个难得的晋升机会，有很大的学习和发展空间；踌躇的是，他听说一些很有竞争力的同事也要竞聘这个职位。

其实，公司内部有一系列公开招聘流程。首先，申请者要写竞聘报告，被选中后才能进入下一环节，所以撰写竞聘报告是非常关键的一个环节。小王不敢怠慢，很快就写完了竞聘报告，但又觉得没有把握。

内部招聘机会和撰写竞聘报告这类情况，在企业内很常见。也有很多人和小王一样，希望了解如何在竞聘报告中更好地呈现自己。毕竟，不仅要干得好，也要说得好。

那么，如何在竞聘报告中呈现自己的工作成果和独特优势，抓住晋升机会，在众多竞聘者中脱颖而出呢？

我们需要明确一个概念

在这里我介绍一个概念：竞聘报告。

竞聘报告就像员工在企业内部的一张名片，写好了让人印象深刻，能够体现自己的职业形象，展现自己的能力，突出自己的优势，增加自己的晋升机会；如果敷衍了事，或者写得不够结构化和严谨，无疑会使自己的职业形象和晋升机会受到一定影响。

那么，竞聘报告应该如何写呢？竞聘报告应该包含哪些内容和要点？竞聘报告的内容框架应该是怎样的呢？

竞聘报告要重点突出。重点就是突出自己的工作成果。这部分通常有据可查。指标的完成情况，特别是公司 KPI 或 OKR 等硬性指标的完成情况，在公司系统中是清晰可见的。你只需总结概括，提炼重点，再辅以具体数据的解释说明即可。既然是争取晋升机会，那么除了呈现这些硬性指标的完成情况，还要总结自己相对软性的方面，如自己独特的优势，并尽量可视化，找出自己的亮点，这些都能够说明自己的工作成果和工作能力。总之，竞聘报告既包括必要的基本信息，又包括亮点和突出的部分。

你需要遵循一个策略

下面介绍一个撰写竞聘报告的策略：一简要，二突出，三亮点。

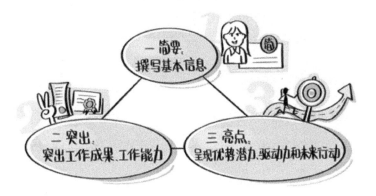

一简要

这一部分要简单说明自己的基本情况，包括个人基本信息、教育背景和专业、从业经历等。这一部分内容在公司系统中都能查到，所以不用写得太过详细，篇幅不宜太长，大约占整个报告的 20%，但信息务必准确。

虽然原则上这一部分要简写，但从小王的具体情况来看，基本信息中有一点值得专门介绍，那就是小王在之前的一家公司做过与现在竞聘岗位类似的职位而且业绩不错，也就是说，小王已经具有相关经验了。这一点对小王竞聘这个职位是很有帮助的。

所以，小王可以把这部分经历凸显出来，并且提供重要的数据和证据来支持，还要显示出自信心。在这里强调一下，基本信息要言简意赅，但不要遗漏有价值的点，不要忽略任何呈现自己竞聘优势的地方。

二突出

这一部分是竞聘报告的核心内容，即如何 100% 展现自己的工作成果。

"二突出"是指要突出两个方面：一是工作成果，二是工作能力。

看到这里，有人会产生疑问，突出工作成果不就是突出工作能力吗？其实，这两个方面强调的角度还是不一样的。

1. 工作成果

工作成果的影响因素有主观因素和客观因素。同样做产品销售，有的大公司品牌宣传到位，平台搭建完善，就比较容易完成销售指标，个人能力的差异不明显。

如果你在过去的职业生涯中从事的是相同或类似的工作，尽管工作成果出色，也只能说明你做这类工作具备一定的能力；反过来，如果你从事过多种不同的岗位，且各有挑战，而你的工作成果一直很突出，这就进一步说明你具有较强的工作能力，能够胜任不同的岗位，那么，如果你说自己能力强，信服度就会很高。

所以，在竞聘报告中只罗列和强调工作成果是不够的，还要在此基础上说明自己的综合工作能力。

2. 工作能力

还有什么能够体现个人工作能力的吗？

例如，你曾经做过的一个工作或者一个项目，时间紧、任务重、资源缺乏，或者面临着亟待解决的难题，而你迎难而上，克服了很多困难，并成功完成了这个任务。

这说明了什么呢？同样是工作成果良好，而这个工作成果良好的含金量就高多了，这就突出了你的工作能力，进一步说明你具有很强的工作能力、问题解决能力，而且工作态度积极，愿意迎接挑战。你的个人信用等级也就提高了。特别是，如果竞聘的岗位是一个要求创新变革和具有挑战的工作，这部分经历是会给你加分的。

所以，突出工作成果的同时，不要忽略任何呈现和突出你工作能力的地方。

三亮点

这一部分将呈现自己的优势潜力、驱动力和未来行动。如果"二突出"是突出以往的工作成果和工作能力的话，这一部分将呈现你如何面对未来、面对你竞聘的岗位，如何和竞聘岗位的要求进行匹配，特别是在目前岗位和竞聘岗位有很大不同的情况下（这个很大不同可能是专业领域、胜任力要求、职权范围等）。

1. 三亮点之一：优势潜力

优势潜力是指针对竞聘岗位你有什么优势和潜力。在这里有个前提条件，你已经分析过竞聘岗位的要求以及个人能力如何与它进行匹配。

那么，如何分析？竞聘者可以应用 5W1H 多问自己几个问题，来分析这个岗位和它的要求。以 What、Why 和 Who 为例进行说明。

- What：做什么？包含岗位的职责、主要交付成果、在组织中的定位等。

- Why：为什么做？企业为什么设立这个岗位？该岗位在组织中

的贡献价值是多少？组织对该岗位的期望是什么？该岗位的上下游及其合作关系是怎样的？

- **Who**：谁来做？这个岗位需要什么样的人？为什么是你？你有哪些异于他人的优势？

应用5W1H可以较全面地梳理出竞聘岗位的综合要求和特殊性，由此帮助你找出竞聘这个岗位的区别于他人的优势。当然，前面介绍的"二突出"的内容也是你的优势。

现在越来越多企业在做高潜力人才评估和发展计划。虽然各企业的评估标准和维度不一样，但有两个方面是相同的，即思考能力以及可持续可证明的工作成果，其中思考能力包括思考的广度、深度和高度。这就是指高潜力人才必须会想、能干。

很多企业会考虑员工的综合潜能，如具有战略思维、全局观且善于学习等。有些企业对某些重要岗位，除了考虑员工能否胜任该岗位，还会考虑该员工的上升空间，即该员工是否能够胜任下一个更重要、更高阶的岗位。如果两位候选人的工作能力相差不多，企业就会选用具有更高潜力的候选人，或者是符合企业长远战略发展的候选人。他们是企业重点培养的人才，是企业未来的领导者。

在这里，竞聘者可以进一步了解企业对高潜力人才是如何定义和评估的，有哪些维度和考量。可以用一些例子来证明，如果适用的话，甚至可以把上级或其他管理者的相关背书在报告中呈现出来，这也是亮点。

2．三亮点之二：驱动力

只有个人的价值观、职业发展愿景与组织的价值观、愿景相匹配，才能全方位调动个人的积极性和主动性，个人才能更好、更长久地和组织共同发展。有很多企业非常看重员工的价值观和企业的价值观是否匹配。例如，华为的狼性文化，公司就是要选用"同路人"，这就是一种价值认同和精神契约。在这样的企业里，个人驱动力非常重要，如果不符合这一价值观，个人是很难生存和发展的。

其实，每个企业都有自己独特的文化内涵。有的企业看重社会责任，有着严格的商业经营准则。有着优秀业绩的员工可能会因为违反了企业的某项商业经营准则而被企业解聘。有的企业看重员工的吃苦奉献精神，在评估业绩时会特别考虑。

所以，在竞聘报告中可以有理有据地说明自己是如何认同和践行企业价值观的，表明态度，表示忠心。企业乐于看到一个符合和践行企业价值观的员工走向重要岗位。

3．三亮点之三：未来行动

未来行动是针对竞聘岗位，你未来将要做什么。如果有可能，竞聘者可以分享自己对竞聘岗位的初步设想，以及如果竞聘成功，自己将采取什么策略来达到竞聘岗位的要求和组织的期望。因为竞聘报告的篇幅有限，竞聘者对竞聘岗位要求的理解在入职前所掌握的信息是有限的，所以竞聘报告中可以注明具体的举措在就职之后会给予全面完整的建议。如果竞聘报告包含了这样的初步设想，就会让人感觉这是一个积极思考、努力进取的人。

总结一下

如果在写竞聘报告时没有思路，或者思路不清晰，可以尝试应用"一简要、二突出、三亮点"这个策略。一简要，提供基本信息；二突出，呈现工作成果和工作能力；三亮点，提炼优势潜力、驱动力和未来行动。应用这个策略去设想和规划，找出相应的主线和辅线，更好地呈现工作成果和自己的优势，抓住晋升的机会。

第四节　个人简历：如何让你的简历在众多候选人中脱颖而出

你是否遇到过类似场景

几天前，你的前同事小明告诉你，他们公司一个核心部门正在招人，工作内容正是你所擅长的，如果你能跳槽成功，岗位将升两级，薪资待遇将比现在上涨 50%。你十分心动，给他发去了简历。今天下班后，小明打来了电话。

小明：我看了你的简历。你这个简历，我们 HR 看两眼就不会再看了，你可能连面试的机会都没有。

你：这么夸张？你觉得我的简历哪里有问题？工作内容我描述得够详细了。

小明：我是了解你的，凭你的工作能力，你胜任这个岗位是绰绰有余的，但是简历上我完全没看出来。你的简历就是很多信息堆出来的，没重点、没层次，也体现不出你的优势。我建议你好好修改一下。

你：好吧，我这两天完善一下。

挂了电话后，你很困惑。你觉得，你已经把之前的工作经历都详细描述出来了，写得足够多，说得也很清楚。但是，小明为什么还觉得你的简历没亮点呢？

一份吸引人的简历究竟应该如何写呢？

我们需要明确一个概念

在这里我介绍一种方法："挖找补"三步法。

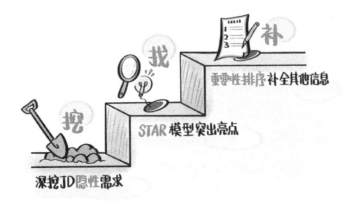

"挖找补"三步法是打造优质简历时，三个核心步骤的关键词"挖需求""找重点""补其他"的缩写。在设计和编写简历时，如果借助这三个步骤，就可以有效提升简历的品质，从而给 HR 留下深刻的第一印象，赢得黄金面试的机会。

你需要遵循一个策略

第一步：挖需求

根据 JD（职位描述），挖掘需求。不仅要挖掘 HR 的显性需求，更要思考 HR 的隐性需求。这一步很重要，它影响着后面编写简历的方向和质量。

显性需求是指具体又量化的需求，例如，要求有三年工作经验，通过了大学英语四六级考试等。

隐性需求是指 HR 不公开表达出来的需求，例如，职位描述上要求"爱岗敬业，踏实肯干"，背后的潜台词可能是"干得多挣得少，但是要任劳任怨"；希望有"服务心态"，更直白的表达是"我们需要你打杂"。

所以，在分析职位描述的时候，不要流于字面，而要思考得深入一些，了解 HR 真正的期望值，才能在动笔的时候有的放矢。

第二步：找重点

如果你曾经在某个大平台工作过，那么恭喜你，一个重要头衔的确能为简历加分，但是 HR 想看到的，不仅是你在这个平台上曾经到达的高度，而且包括你在这个平台上所做的努力，以及最终收获的技能与知识。即使平台并不耀眼，但是当你在一段经历中充分展现了自己的价值，并且证明了自己的能力与成长时，这样的经历也是十分宝贵的。所以，归根结底，HR 看简历的重点是，通过简历看到应聘者具备的素养，拥有的技能与实力。

我们在设计简历时常用的利器是 STAR 模型。

- S（Situation，情境），介绍你所在的平台和团队有多优秀，以证明你曾经被认可的程度。

- T（Task，任务），陈述此项工作的具体目标与设想，有时可以和 S 部分合并。

- A（Action，行动），说明你在团队中做出了怎样的努力，充当了怎样的角色，发挥了什么样的作用，以此展现你的个人实力和在团队中的成长与历练。这一部分往往是最重要的。

- R（Result，结果），说明你最终取得了怎样的工作成果。

对于写简历的人来说，绝大部分人常犯的错误在于，仅仅写了 T，也就是仅仅罗列干了什么。实际上，最重要的是 A，如果行动展现不足，也就很难让人看到你的闪光点。

所以，在写简历的时候，可以按照 STAR 模型来建立一系列个人事件模块，从而让 HR 更好地通过你过去的经历来判断你的个人能力和工作潜质。

具体可以分两步进行：

（1）将每个经历（实习经历、社团活动、工作项目等）都按照 STAR 模型的四点逐一列出。

（2）挖掘闪光点。从列好的事件模块中找出能体现自身能力、优势的闪光点，如领导能力、沟通能力、适应能力、学习能力等。

下面以"项目实施过程"为例，运用 STAR 模型制作一个个人事件模块，仅供参考。

S	2017 年年底，集团进行了重要战略调整，将我所带领的团队调整成公司核心部门……
T	2018 年我们的目标是完成集团下属 12 个分公司的服务标准统一搭建工作……
A	团队进行资源整合，与各分公司保持积极沟通，两个月内制作完成标准化文件，团队每个人各司其职……
R	提前一个月完成了工作目标，同时又协助兄弟部门完成了×××重要项目……
体现的能力	领导能力、沟通能力、团队协作能力、项目管理能力、主动化解危机能力……

第三步：补其他

一份完整的简历除了最核心的工作经历描述，还有个人的基本信息、教育经历、自我评价、兴趣爱好等内容。这部分信息的设计，可以在基于对职位描述的分析设计之后，按照重要性顺序，进行灵活排序。最重要的放在简历前面，然后是次重要的，最后是最不重要的。例如，HR 招聘的岗位需要相关工作经验，就可以把工作经历这部分放在尽量靠前的位置，教育经历、自我评价、兴趣爱好等依次排列。如果没有工作经验，也没有社会实践，那么可以把教育经历放在靠前的位置，其他信息放后面。

在此，同样运用 STAR 模型进行描述和呈现。这种描述和呈现可以为企业更好地决策提供参考，既是对企业负责，让企业招聘到合适的人才，也是对应聘者负责，帮助他尽可能地展现自我，推销自我。

总结一下

运用"挖找补"三步法——挖需求、找重点和补其他，我们能够打造优质简历，从而更多地展现自己，赢得更多面试机会。

第八章

邮件、笔记，追求简洁高效

第一节　邮件写作：如何让邮件的书面表达更高效

你是否遇到过类似场景

发邮件的时候，你觉得已经写得很清楚了，怎么邮件还是被退了回来？说你没头没尾，没前因后果。

邮件发完后，对方迟迟不回，你一问才知道。对方说，你到底想让我做什么？

事情很多，你经过详细整理后，1、2、3、…、10逐条发给对方。对方却回复，你到底想让我先做哪个、后做哪个？有重点吗？

我们需要明确一个概念

在这里我介绍一种方法：邮件快速写完三步走，也叫 3W 原则，即写背景（第一个 W）、写观点（第二个 W）、写重点（第三个 W）。W 是英文单词 Write 的首字母。

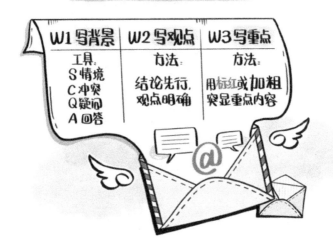

你需要遵循一个策略

假设你是一家能源企业的培训负责人，企业老板李总觉得中层管理者在管理下属方面存在一些问题，管理方式比较粗暴，于是安排中层管理者上一门"领导力"的课程。你花了一周的时间找了三位老师，最终确定一位经验、资历、授课风格都符合你们企业的老师。课程为期三天。为了增强培训效果，李总让你找了郊区的酒店用来作为培训场地，另外，为了增加凝聚力、提升领导能力，还特意给大家安排了一天的团队拓展。你要给 25 名中层管理者发邮件，说明事情的缘由，并要求他们在收到邮件后把课前调研问卷填写完成，并让他们提前安排好工作，因为周四下午（4月23日）出发，周五、周六、周日培训三天（4月24日、25日、26日），所以需要大家准备好各自的衣物等物品，同时你需要写明住宿地址。可以乘坐企业统一安排的大巴车，也可以自驾。信息特别多。

那么，如何通过三步把这封邮件写清楚呢？

第一步：写背景，第一个 W，方法是 SCQA

一般回答事情缘由的方法就是 SCQA：

- S 情境：原本稳定的状态描述。

- C 冲突：颠覆现状，发现问题。

- Q 疑问：提出问题。

- A 回答：提出假设性解决方案。

所以，项目背景可以这样写：

S：我司自成立以来，业务实现了快速增长。

C：自从今年年初极速扩张之后，业绩增长放缓，甚至部分区域出现了负增长。

A：为了提高团队的办公效率，提高下属的执行力，让中层管理者有工具、有技巧，轻松工作，达成团队绩效。李总特安排各位中层管理者参加为期三天的领导力培训，两天"领导力"课程培训，一天拓展。

写完背景后，也就是把这封邮件的前因说清楚了，让对方知道你在说一件什么事。

第二步：写观点，第二个 W，方法是结论先行

写观点的方法就是结论先行，写出具有中心思想的一句话。

观点最直接的体现就是标题。当然，在这封邮件的正文中也会涉及你的分观点。标题应该包含邀请收件人参加培训，而作为接收邮件的人，一定想从标题上知道一些关键信息，如时间，所以，邮件标题可以写为：

诚邀中层管理者参加 4 月 24—26 日领导力培训

这样的标题既清晰又明确，让对方知道这封邮件传递的核心信息。

第三步，写重点，第三个 W，方法是标记出来

写重点的方法就是标记出来，例如，标红或加粗以示区分。那么，什么是重点呢？每个人认为的重点会根据每个人的思路略有不同，而邮件的重点一般是这封邮件需要对方做的事情。如果按照时间顺序进行叙述，那么标记的就是需要立刻做的事情。

邮件的背景中提到需要中层管理者提前把培训调研问卷做了，所以这也是这封邮件的一个重点。可以把这段内容标红，并写明提交时间。点开这封邮件后，大家一定能看到红色的部分。

例如，可以这样写：

为了提高授课效果，烦请于 4 月 16 日下午 6：00 前完成调研问卷的撰写并提交。

因为这件事情比较重要，所以可以紧接在背景后面写出来。

另外，还有一些信息在时间上相对而言是次重要的。邮件一般都提前一周发出，最少也需要提前 2~3 天。所以，关于提前安排好工作、准备好各自的衣物等物品、发送住宿地址、交通方式等信息可以逐一列出来，并在前面写明时间。例如：

4 月 23 日前：烦请安排好工作，并准备好衣物（建议准备两套，一套正装，一套运动装）、运动鞋、防晒霜。

因为这些是不需要中层管理者现在就做的。你也可以建个微信群，把这些具体信息提前一天在群里再重申一遍，这样方便大家提前准备，而且可以及时准备。

至于会议日程、老师介绍、酒店、交通、天气、餐饮安排等信息，虽然也很重要，但是不直接涉及中层管理者本身。所以在前三行写完之后，就可以把三天的日程安排、酒店、交通、天气、餐饮安排等信息写在后面。为了让大家看得清晰，需要配上相应的图示，如酒店图示、老师照片等，背景介绍、路程安排等按照类比列在后面即可。

总结一下

使用 3W 原则撰写邮件的步骤：第一步，写背景；第二步，写观点；第三步，写重点。写背景交代前因，让读者明白是什么事、什么背景。观点一般在标题上让读者明确是什么事、什么时间。写重点是标红或加粗，让读者知道需要做什么。

第二节　学习笔记：如何使用方格笔记本，让头脑越来越聪明

你是否遇到过类似场景

当今职场竞争越来越激烈，提高工作效率、提高学习能力就显得尤其重要，那么，记笔记就是其中一种常见的工作和学习方式。

在互联网时代，有的人利用电脑记笔记，有的人还是喜欢用纸质版笔记本。虽然形式不同，但记笔记依然是职场常用工具。无论哪种形式，你是否遇到过下面这些情况？

- 看了第一眼便不忍再直视的"混乱"笔记。

- 写得满满当当的填鸭式笔记。

- 这也写，那也写，毫无重点的笔记。

- 无图、无表的纯文字笔记。

● 明明感觉记得很清楚，回头再看，就发现物是人非了。

……

笔记是我们的第二大脑，它可以让我们看到我们的大脑世界。那么，如何通过"结构思考"的方式来解决记笔记的难题呢？

我们需要明确一个概念

在这里我介绍一种方法：使用方格笔记本。使用方格笔记本可以让你的思路清晰，找到重点，提高记忆力。

这种记录方式，很多咨询公司（如埃森哲、麦肯锡、波士顿等）都在使用，康奈尔大学、京东大学也在使用，国内很多公司高层管理者也在使用。

方格笔记本就是 A4 大小的蓝色方格笔记本。种类繁多，最常见的是横线竖线分明的方方正正的铺满格子的本。有的人对它进行了改良，改变了横线竖线组成的标准：有的用圆点表示横线、竖线，有的左边 1/3 留出了空白……

有的人感觉密密麻麻的小方格会阻碍人思考，其实不然，你可能没有框架，因为框架就是整理思路的书架。有了框架，无论信息多么庞杂无序，都能排除非重要信息，抓住重点，进行记录，让你的头脑越记越聪明。

同样，如果没有框架，这也记，那也记，这个也重要，那个也重要，知识量再少，也会形成一团糨糊。

你需要遵循一个策略

结构三法则：列标题，分三桩，做美化。

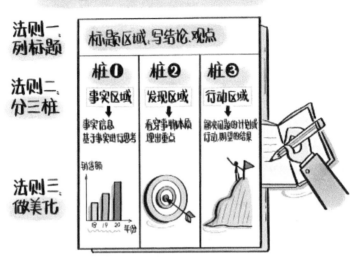

法则一：列标题

这一步需要做的是，在方格笔记本距离行首 5 厘米处画出一条横线，此区域为标题区域，在此区域记录重点内容，即标题。可以在右上角写上时间，方便以后查询。

在标题区域列出该页的主题，即一页一主题，概括总结，也就是结论先行，快速抓住笔记的核心点。

法则二：分三桩

这一步需要做的是，在标题区域下方画出两条竖线，把下方的区域分成三块，从左到右分别是事实区域、发现区域和行动区域。

- 事实区域，也叫板书区域，记录一些基本信息或事实，以及基于事实的思考。坚持基本中的基本。

- 发现区域，也叫解释区域，记录透过事物本质理出的重点。如果是分析原因，可以在此区域逐层询问自己为什么，最终找到问题的根本原因。

- 行动区域，也叫做法区域，记录解决疑难问题的计划或行动，写出能带来理想结果的办法。

法则三：做美化

留出空余，行首对齐，利用方格笔记本的小方格的天然优势，用图、表等呈现"视觉效果"，画出你想画的图和表，进行形象化呈现，方便记忆。

我们来看两个例子，以便让大家更好地理解方格笔记本的应用。

这是一个工作中的例子。

在工作中，我们经常会开会，讨论一些问题。那么，如何使用方格笔记本高效记录笔记呢？一家生产制造企业就出现了一个问题。他们发现在工作过程中，工件出现了不合格的情况，而且不合格率一直在上升。于是，车间主任召集大家一起开了一个讨论会，其中一人负责记笔记。

第一步，列标题：在距离顶端5厘米处画一条横线，写出标题"针对工件不合格问题的讨论"。

第二步，分三桩：在横线下方画出两条竖线，把除了标题的部分分成三部分，左边是事实区域，中间是发现区域，右边是行动区域。

（1）事实区域。连续三周发现工件不合格，且数量一直在增加。

（2）发现区域。针对背后的原因，讨论分析得出如下逻辑：为什么尺寸不合格？因为装夹松动。为什么装夹松动？因为操作工没装好。为什么操作工没装好？因为操作工技能不足。为什么技能不足？因为最近公司急剧扩张，招募了 12 名新员工，没有进行充分培训就让他们上岗了。

（3）行动区域。新员工进行回炉，必须经过一周培训，且考核通过后才能上岗。

第三步，做美化：可以在发现区域通过画方格的形式把问题逐步进行分析，在每一步之间用箭头往下指，就形成了 5 个方格，最终引出根本原因。在行动区域画出小人的形状，方便形象化记忆。

这是一个学习中的例子。

阅读《高效能人士的七个习惯》，可以如何应用方格笔记本呢？

第一步，列标题：在距离顶端 5 厘米处画一条横线，写出标题"《高效能人士的七个习惯》之关注圈和影响圈对负面情绪的化解"。

第二步，分三桩：在横线下方画两条竖线，把除了标题的部分分成三部分，左边是事实区域，中间是发现区域，右边是行动区域。

（1）事实区域。书中提到关注圈和影响圈的概念。影响圈指的是通过自身努力可以影响或改变的东西，如学习成绩、工作表现等。一般而言，一个人的关注圈比影响圈要大。可以简单地理解为，影响圈是自己能控制的东西，关注圈比影响圈大的那部分是自己不能控制的东西，如天气、世界经济情况、八卦新闻等。

（2）发现区域。最近自己心情不好，失眠焦虑，可以把自己最近发生的事情都列出来，看看哪些在关注圈、哪些在影响圈。

（3）行动区域。可以更加关注自己的影响圈，不做无谓的担忧和情绪化，只做自己可以控制的影响圈的部分。

第三步，做美化：在空白处可以画两个圈，里圈是影响圈，外圈是关注圈，方便以后看笔记时一目了然。

总结一下

解决记笔记问题的有效方法就是使用方格笔记本。策略就是结构三法则：第一步，列标题；第二步，分三桩；第三步，做美化。结构三法则可以称为"使头脑越变越聪明的笔记本三法则"。如果使用的是方格笔记本，结构三法则将很容易实现。

第三篇

如何形象化地展示

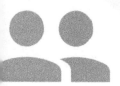

第九章

让你的内容形象化

第一节　视觉引导：如何用手绘解决会议和沟通中的一切难题

你是否遇到过类似场景

当你讲得热血沸腾、唾沫满天飞时，听众已经失去兴趣，或者干脆昏昏欲睡。不要责怪你的听众，因为我们生活在越来越可视化的环境中，购物是可视化的，新闻也是可视化的。倘若想让听众对话题感兴趣，就需要把自己变得"可视化"。

别告诉我你画不了。

在一些会议和工作坊上，会议主持人或引导师会一边讲，一边手绘视觉引导图，可视化地传递信息。这样既能将信息表达清楚，又能牢牢地抓住听众的注意力，是不是很棒？羡慕的同时，你不免心生感叹："我要是也能手绘视觉图该多好！可惜我从小画画不行，现在学已经来不及了。"甚至，我有一位朋友曾绝望地说："我从小美术就没及格过，50岁了，绘画水平只停留在学龄前水平。"

千万别绝望！你其实一直都被一个错误的假设欺骗了。你假设视觉引导的前提是画画好，而画画好又是一件难事。事实上，这两者都是错误的。这两个具有欺骗性的假设阻止你启用大脑中最强大的问题解决区块，而你甚至不知道这样的区块竟然存在。

我们需要明确一个概念

在这里我介绍一个概念：视觉引导，包括着手基本、巧妙组合、赋予意义三步。

正如写作是语言思维的记录机制，图画是视觉思维的记录机制。图画既不是一个谜团，也不是一项秘密才能，而是这样一种态度：你要充分利用自己身为视觉动物的本能。你通过图画帮助自己理解这个世界，并坚持画图，以此向世界展示你所看到的东西。像画家一样思考并非难事，事实上，你一直是这么做的。

看见一幅图或有了一个想法时，你的思维仿佛张开了眼睛，把这幅图或这个想法翻来覆去地"把玩"。这时，你就已经在画了，只不过没用纸和笔。

你要做的事是，在此刻准备好纸和笔，开始动笔。现在，你是真的在画了。最棒的是，学习写作需要花费几年时间，学习画图却只需几分钟。

你需要遵循一个策略

一旦开始画，最难的部分很快就会过去。

从第一个点开始可以衍生出很多图形，因此一旦你画下第一个点，后续的事情就会手到擒来。等你回过神来，可能已经画下了各种方框、三角形、直线和箭头，而此前一直埋藏在你头脑中的想法，此时已浮现在你眼前。你只需视觉引导的三步：着手基本，巧妙组合，赋予意义。

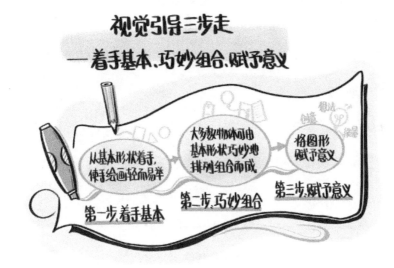

第一步：从基本形状着手，使手绘画轻而易举

在需要创作的商业图画中，90%的图画都是由七大基本形状构成的：点、线、箭头、正方形、三角形、圆形、不规则形状。

（插图示例）

点：所有线的起点。

线：所有图形的起点。

箭头：一条表示方向、影响或演变意义的线。

正方形：用四条线将四个点连接而成。若将对侧的两条线拉长，可变为长方形。若将对侧的两条线倾斜，可变为梯形。

三角形：用三条线将三个顶点连接而成。

圆圈：一条线首尾相连而成。将圆圈压缩，就成了椭圆形。

不规则形状：仿佛一条线在回家前到处游荡而成。

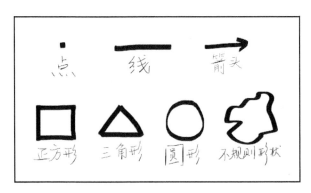

第二步：大多数物体可由基本形状巧妙地排列组合而成

把圆形和三角形组合起来，就能创造出简单的人形。上面一个圆形、下面一个倒立的三角形就是一个代表男人的图形；上面一个圆形、下面一个正立的三角形就是一个代表女人的图形。

把不同高度、相同宽度的长方形并排画出，再加上横、竖两个从同一点出发成 90° 夹角的箭头，一幅柱状图就画好了。

将两根箭头十字交叉，再在合适的象限里放上形状，就成了一张象限图。

将若干粗大的箭头（长方形与三角形的组合）并排放置，就成了一条时间轴。

将不同形状以一定次序排列好，再用箭头将它们连接起来，就成了一张精美的流程图。

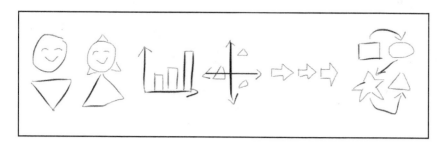

第三步：将图形赋予意义

用隐喻的方式以图形代表抽象的信息，将图形赋予意义。例如，你所在企业在提倡创新，但是当有人问你"为什么要创新"这个问题时，如何解释？一个正方形加上一个三角形等于一个圆形，将图形赋予意义，就能帮助你解答"为什么要创新"这类抽象的大问题。

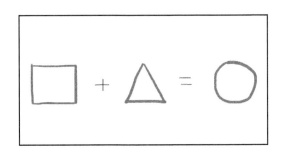

正方形代表你当前的做事方式。你熟谙自身所处的商业领域，并且使一切尽可能趋于完善。

三角形代表"变化"，提醒你所处的世界处于不断变化之中。三角形有多大，取决于你所处的商业领域有多动荡。

圆形代表"变化的对立面"。如果你因循守旧，未来是会变得跟现在截然不同，还是只会发生些许轻微的改变？

这幅小小的简图在 15 秒内就能绘制完成。它承载的想法足够让你和客户、消费者或团队成员聊上好几小时。这就是由一个简单视觉图形引导出的力量，而且这一力量会自我驱动、自我发展下去。无论商业想法如何复杂，只要拆解成基本的图像元素，就能被清晰地展现出来。

总结一下

别再把视觉引导视为一个艺术创作过程，而应把它视为一个思考过程。视觉语言跟口语很像，使用视觉语言的方法跟口语有很多相似之处。你可以利用视觉引导更好地理解你们公司的组织机构和从事的工作。视觉引导也可以用在日常生活中，用写和画两种方式来反映你的思考。

第二节 图示说话：如何把信息变成让听众准确理解你意图的图示

你是否遇到过类似场景

在职场中，大部分人都讨厌说废话的人。废话可分为小废话、大废话和超级废话。小废话是指信息量太多，东说西讲，说不到点子上；大废话是指没有结构，内容散乱，让他人喘不过气来；超级废话是指讲的信息造成了听众思维混乱，干扰了听众的思考。

你一定不愿意成为他人眼中那个经常说废话的人吧？那么，在和他人沟通的时候，如何避免或减少说废话，确保自己的想法生动、清晰地表达出来且令人难忘呢？

我们需要明确一个概念

在这里我介绍一个概念：图示化。

人的大脑的思维方式是图示化的。例如，在购买一件衣服之前，你会在大脑中想象"在某个场景穿着某款衣服的感觉很棒"，于是你才会把它买下来。也就是说，人会在大脑中先想象某商品的使用感觉，才会做出购买的行动。听众听你讲话的思维方式也是一样的，他们一边听你讲话，一边在大脑中绘制一张无形的图示（图示化）来理解你所讲的内容。

人脑在获取信息时，80%的信息来自视觉通道，剩余的20%来自听觉、味觉和触觉等通道。因此，你喋喋不休地说个没完没了，等于关闭了听众大部分的信息通道。如果此时你将信息变成图示，将打开听众更多的信息通道，从听觉的一维信息通道，变成"听觉+视觉"的三维信息通道，帮助听众准确、清晰地理解你所表达的内容。

你需要遵循一个策略

图示选择三部曲。

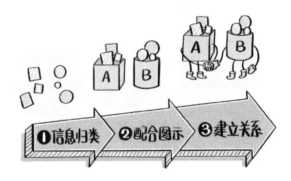

图示选择三部曲

❶信息归类　❷配合图示　❸建立关系

第一步：信息归类

我们首先需要确定我们手中的信息类型。将所有信息都打散，归入 6W 模式中，也就是 What、hoW much、When、Where、hoW、Why，然后将我们所发现的画在纸上。

- 谁/什么（What）：与事情、人、角色作用相关的信息。

- 有多少（hoW much）：涉及数量、计算等信息。

- 在什么时候（When）：关于计划与安排的信息。

- 在哪里（Where）：关于方向以及事情如何彼此配合的信息。

- 怎么样（hoW）：关于事情怎样互相影响的信息。

- 为什么（Why）：关于展望全景的信息。

第二步：配合图示

1. 谁/什么

"什么"描述的是你身边正在发生什么，你如何参与其中。可以用一个简单的正方形或立方体图示指代"什么"。"谁"描述的是由谁负责，还有谁与之有关，责任在谁。可以用一个圆形笑脸指代"谁"。

2. 有多少

"有多少"代表数量信息。例如，团队需要多少资源才能继续下去？是否需要拆东墙补西墙？可以用不同长度的长方形代表数量的多少。

3. 在什么时候

"在什么时候"代表时间信息。例如，描述首先是什么、接下来是什么等有时间顺序的信息。或者，如果要做的事情有很多，则需要描述在哪些时间去做哪些事情。可以用粗箭头图示指代不同的时间点和事情的先后次序。

4. 在哪里

"在哪里"代表空间信息。例如，描述你们要去哪里、要去的方向等。又如，手头上最要紧的事情是什么，重点是什么。可以用圆形图示代表不同的事物，圆形之间的距离代表它们之间的相关程度；圆形的大小代表优先级，圆形越大，优先级越高。

5. 怎么样

"怎么样"代表事情之间相互影响的信息。例如，这样做会产生哪些后果，那样做又会如何。可以用一个圆形和一个正方形，分别代表变化前的状态和变化后的状态，或者代表原因和结果。两个图示之间用箭头连接，在箭头上写出产生变化的条件。

6. 为什么

"为什么"代表展望全景的信息。例如，你们究竟在做什么？如果需要改变，你们有哪些选择？如何才能做出最佳选择？可以用带有方向感的粗箭头图示代表这样具有前景特性的信息。

第三步：建立关系

讨论不同的主题，可以选择不同主题的整体构图方式。在这里我们介绍两种整体构图方式。

1. 时间轴

例如，当讨论与项目进度方案、本月工作规划、全年绩效指标完成计划等和时间有关的主题时，让听众能够看到全部时间段，将明显改善谈话质量。这时整体图示关系可以按照时间轴来编排。具体信息可以用第二步中的"在什么时候"图示类型来描述。

2. 矩阵图

当讨论与工作任务分解、客户投诉问题分类等和分类分组有关的话题时，利用由四个格子组成的整体图示关系，将有力而有用。它们一下子让人们跳出非此即彼的思考框架。这种四个格子的整体图示关系将两组变量互相匹配，做出四种可能性。

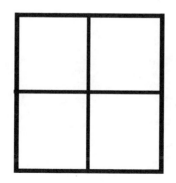

总结一下

如果想对某个想法有更深入的理解，就把它画出来。如果想让听众更准确地理解你的意图，就把它画出来。如果想成为一名更高效的领导者，就把愿景画出来，使其他人能够和你一样清晰地看见这个愿景。如果想创新，不妨让画图带你从不寻常的视角看待寻常的事物。如果想卖出更多产品，就把产品和想法以图示的形式呈现出来，它们将变得比非图示的产品和想法更具说服力。

当今时代的对话是可视化的。去画图吧，就像你的世界不能没有它
一样。

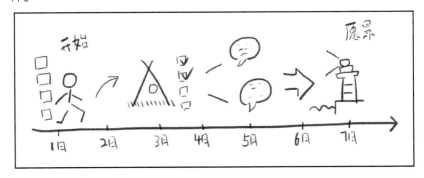

第三节　图表说话：如何把数据变成令人信服、有影响力的图表

你是否遇到过类似场景

　　小王是一家公司的销售员，主要售卖 A、B、C 三款产品。六个月过去了，老板让销售部所有成员都来做一下自己 1—6 月关于公司各个产品的销售情况的展示，汇报一下自己的工作情况。

　　汇报肯定没有问题。一般来讲，数据都需要变成图表。但是，选什么图表呢？柱形图挺好的，但是折线图也不错。小王有点发愁了……

小王知道图表好，但是不知道应该如何选择图表。

我们需要明确一个概念

在这里我介绍一个概念：用图表说话。这一概念的提出，源于麦肯锡——世界级领先的全球管理咨询公司。在 2019 年企业咨询服务公司分类排行榜上，麦肯锡在综合咨询榜排名第一位。2020 年 1 月，2020 年全球最

具价值 500 大品牌榜发布，麦肯锡排名第 362 位。

图表和演示是麦肯锡的咨询顾问独步天下的工具。麦肯锡为此倾尽几十年的努力不断完善和改进，并在咨询的客户中不断去验证，得到了客户的广泛好评。

那么，如何选择图表呢？

你需要遵循一个策略

你需要遵循用图表说话的"列找得定"原则，具体包括四个步骤：

第一步，列数据。

第二步，找关系。

第三步，得图表。

第四步，定结论。

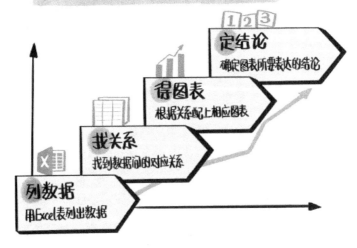

第一步：列数据

首先把已经获得的数据在 Excel 中列出来。例如，A、B、C 三款产品在 1—6 月的销售量分别是多少。横向上列出产品，即 A、B、C 三款产品；纵向上列出时间，即 1 月、2 月、3 月、4 月、5 月、6 月。这样就形成了一张表格，在其中填上相应的数字就可以了。

第二步：找关系

一般选择哪种关系与你想表达的观点有关，所以关系的选择可以根据自己的需求来定。数据之间的关系一般分为以下 5 种：

- 成分关系。表示成分的词语有份额、占比、百分比。例如，6 月 A 产品预计占公司销售量的最大份额，5 月 B 产品占 50%。

- 相对关系。表示相对关系的词语有大于、小于、大致相当。例如，四个部门的营业额大致相同，A 产品的销售量明显大于 B 产品的销售量。

- 时间序列关系。表示时间序列关系的词语有变化、增长、提高、下降、减少、下跌或上下波动。例如，自 1 月以来，销售额稳定增长。

- 频率分布关系。表示频率分布关系的词语有集中、频率与分布。例如，大多数的到货时间需要 6~7 天。

- 相关性关系。表示相关性关系的词语有与……有关、随……而增长、随……而下降、随……而变化、随……而不同。例如，产量随价格的增长而下降。

第三步：得图表

根据选定的关系，配上相应的图表。在每个关系里都有一种常见的图表。

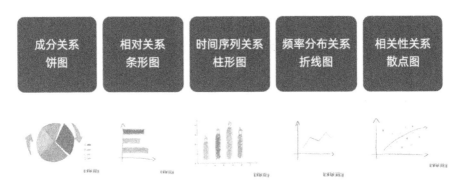

- 成分关系一般对应的是饼图。

- 相对关系一般对应的是条形图。

- 时间序列关系一般对应的是柱形图。

- 频率分布关系一般对应的是折线图。

- 相关性关系一般对应的是散点图。

第四步：定结论

选好图表后，最后一步就是定结论。这个结论一定要和图表一一对应，也就是说，图表一定要支撑你能得到的结论。

如果你的观点是 1 月以来，销售额正在稳步提升，那么对应的图表就是时间序列关系的柱形图，以体现每月数据递增的状态。

如果你的观点是 6 月 A 产品的销售比例是公司所有产品中占比最大

的，那么对应的图表就是饼图，以体现 6 月 A 产品的占比最大。

如果你的观点是 1—3 月的销售额大致相同，那么对应的图表就是条形图。

如果你的观点是 A、B、C 三种产品的销售额基本都是在 20 万~30 万元之间，那么对应的图表就是折线图。

如果你的观点是 6 个月的销售额受到国外环境的影响呈现浮动趋势，那么对应的图表就是散点图。

此处温馨提示三点：

- 图表不是越多越好。图表是 PPT 呈现过程中的一个工具，数量一般不超过整体篇幅的 1/3，太多了就容易造成审美疲劳。

- 不是越炫酷越复杂的图表越好。图表是为了呈现某种观点，进而说服对方，所以让听众读懂的图表才是好的图表。

- 一张图表最好只表明一个主题。一张图表体现一个核心观点，更容易让听众记住。数据图表化，不仅要好看，更要有助于我们思考，方便听众理解。

总结一下

用图表说话的具体包括四个步骤：第一步，列数据；第二步，找关系；第三步，得图表；第四步，定结论。同时要避免三点：图表不是越多越好，不是越炫酷越复杂的图表越好，一张图表最好只表明一个主题。

第十章

让你的演示标准化

演示说话：如何有效组织演示内容，用 PPT 展现你的实力

你是否遇到过类似场景

向客户介绍产品，客户要求在 30 分钟内讲完，你讲什么？公司内部总结汇报要求每人在 20 分钟内讲完，你如何组织内容？给新员工做培训，公司介绍要在 15 分钟内讲完，你怎么讲？……如何在时间有限的情况下组织内容，搭建框架，使对方听得满意，自己组织的内容也能完全覆盖演示主题？

我们需要明确一个概念

在这里我介绍一个概念：用演示说话。

麦肯锡的大多数客户均为各国优秀的大型公司，如排在《财富》杂志前 500 强的公司。这些公司分布于汽车、银行、能源、保健、保险、制造、公共事业、零售、电信和交通等各行各业。世界排名前 100 家公司中 70% 左右是麦肯锡的客户，其中包括 AT&T 公司、花旗银行、柯达公司、壳牌公司、西门子公司、雀巢公司、奔驰汽车公司，在中国有广东今日集团、中国平安保险集团等。

在麦肯锡的众多咨询方法中，用演示说话可以称得上一种常用的商务沟通方式，并被写成了麦肯锡商务沟通完全手册——《用演示说话》一书，并翻印六次。

那么，用演示说话应该如何操作呢？

你需要遵循一个策略

下面介绍一个原则：TPP，第一步，明确任务（Task）；第二步，筹备演示（Prepare）；第三步，进行演示（Presentation）。

用演示说话TPP原则

第一步：明确任务

演讲前需要明确如下三个方面的信息：

- 是什么类型的演讲？是对内的，还是对外的？是对日常内部流程进行汇报，还是给客户做演示？

- 目的是什么？是为了汇报项目进展以得到肯定，还是为了获得项目资源，抑或是为了让客户买单？

- 是多长时间？一般来讲，一页 PPT 的演讲时间是 1 分钟，如果是 30 分钟就需要准备 30 页 PPT，但如果在一页 PPT 里需要讲一个案例或故事，就需要具体情况具体分析了。

例如，如果你要向部门领导做一个项目进展的汇报，时间是 10 分钟，那么：

首先，这属于对内的演讲；

其次，目的是汇报项目进展能得到肯定，同时，要获得接下来的项目资源；

最后，时间是 10 分钟，所以一般 10 页 PPT 就够了。

第二步：筹备演示

筹备演示一般包含三个部分：开场、主体和结尾。

那么，如何筹备呢？

我教大家一个公式：坡道+观点+主体结构+结束语。

（1）坡道。坡道的作用是拉近距离。例如，领导对这个项目给予了特别大的关注。

（2）观点。本次汇报的核心思想。例如，目前雄鹰计划项目进展顺利，后续还需资源投入。

（3）主体结构。将所有准备的内容围绕演讲的目的进行展开，要求是观点明确，并用充分的数据或事实论证该观点，进而搭建主体结构。这也就是遵循论证类比原则，在大的观点下面有哪些小的观点，而小的观点又由哪些数据或事实做支撑。

例如，在前面的例子中，其核心观点是：目前阶段项目进展顺利，后续需要资源投入。所以，接下来就要对这个观点进行充分论证，可以先说项目进展顺利，再说后续需要资源投入。二者均从三个方面展开论证。

至此，主体结构搭建完成，目录也就出现了。

下面具体介绍如何展开论证支持。

第一，项目进展顺利从三个方面展开论证，可以是老板关注的一些核心指标。例如，一是，小程序的访问量已经初步达到阶段性小目标；二是，对小程序测试部门已经初步完成第二轮内部测试；三是，对内部测试中出现的漏洞，研发部门也在有序改进。

在每个小观点下面，可以用图表和数据来支撑它们。对第一个小观点"小程序的访问量已经初步达到阶段性小目标"，可以用数字和图片来支撑。例如，小程序的访问量已经完成5000人次的小目标，访问量的后台增长曲线图截图可以作为这个观点的支撑。对第二个小观点"对小程序测试部门已经初步完成第二轮内部测试"，可以作为支撑的事实和数据是，测试部门已经完成了第二轮内部测试，在 10 个测试项目中有 8 个没问题，其中 2 个有问题，可以列出表格并针对性地进行解释说明。对第三个小观点"对内部测试中出现的漏洞，研发部门也在有序改进"，对目前的 2 个漏洞研发部门在持续研发中，预计两周内可以完成。

第二，后续需要资源投入也可以从三个方面入手，即在人、财、物三个方面希望得到哪些支持。第一个小观点是，需要增加一名研发人员，因为项目周期是两周，比较紧张。第二个小观点是，需要增加资金支持 2 万元，以便为第二轮小程序宣传推广做准备。第三个小观点是，需要申请 100 个具有公司 logo 的 U 盘作为奖品。

（4）结束语。号召行动，接下来准备怎么做，还需要哪些领导的支持等。例如，我准备在接下来的一周内紧抓项目研发，并与市场部门协调为拉新做准备，相信在获得人、财、物的支持后一定能达到下一个访问量的目标。

此时，领导可能会问一些问题，你只需一一回答即可，最后表达感谢，做一个完美的结尾。

第三步：进行演示

当场呈现的时候，要秉承一个原则，台上一分钟，台下十年功，一定要在私下自己多加练习，至少三遍。这样你才会讲得自如，减少紧张感。如果实在紧张，心理上要避免负面强化，多给自己积极的自我暗示，行为上要克服紧张感，可以深呼吸，手握翻页笔把所有力量聚集到握的动作上，也会减少紧张感，要自然微笑，这样你对他人笑的时候，他人也会对你笑。

总结一下

TPP 原则：第一步，明确任务（Task）的类型、目的和时长；第二步，筹备演示（Prepare）公式，即坡道+观点+主体结构+结束语；第三步，进行演示（Presentation），勤加练习，即用演示说话，有效组织内容，用 PPT 展现你的实力。

第二节 当众讲话：如何优化当众讲话的表现，为内容呈现增加张力

你是否遇到过类似场景

平时说话滔滔不绝，但面对公众、多人场合时，就容易紧张，说话磕磕巴巴，弄得自己和对方都很尴尬。时间一长，就形成了一种当众讲话紧张和恐惧的心理，让自己表现得越来越差，导致恶性循环。

不仅中国人这样，美国人曾做过一项调查，询问调查对象最害怕的事情是什么。调查结果显示，很多人最害怕的不是生病、不是失去工作，也不是死亡，而是当众讲话。

这样看来，当众讲话时，不由自主的紧张甚至畏惧，是很多人的痛点。

我们需要明确一个概念

在这里我介绍一个概念：紧张感。心理学研究发现，紧张感是一个系统问题，并不是单独由某个因素导致的。例如，注意力越集中在某件事情

上，我们就越容易紧张；我们在面对陌生环境时，也容易紧张等。当众讲话好像就是这样的，一是，我们非常关注当众讲话这件事，对结果的注意力很集中，担心说不好，结果越担心越说不好；二是，我们当众讲话的环境往往是多变的，如他人的办公室、偌大的会议厅、聚光灯下的演讲台，都会加深我们的紧张感。

那么，我们应该怎么办？

你需要遵循一个策略

针对当众讲话容易紧张的这点，推荐大家使用一个简单、直接、见效快的当众讲话训练方法——当众讲话：站、眼、声、三。

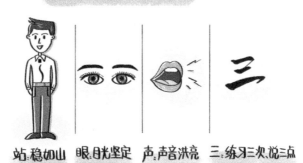

是不是很抽象？下面具体阐述如何使用。

站

站是指要练习站姿，稳如山。当众讲话最难的一点就是，勇敢地站出来。你可以回忆一下，在一些有讲台或桌子的讲话场合，你是不是经常在开口时"躲在"讲台或桌子的后面？身体不愿意逃离讲台或桌子的"保护"

范围？所以，想要做好当众讲话，就要先敢于站出来、站到最前面、最中间来，这是一个特别重要的能力和态度。在敢于站在那里后，再适当调整站姿，让自己"稳如山"，那么，你的后续发言多半可以镇定自若了。

眼

眼是指目光坚定。要敢于和你的听众进行目光交流，因为面带微笑的直视是一种自信的状态，这种状态会帮助你变得自信。如果听众较多，那么不妨试试平稳的扫视，让自己的目光和每位在场者都有交流，这时你大概率会有一种尽在掌握的感觉。

声

声是指声音洪亮。从进化的角度讲，大声"呵斥"是一种进化优势，在遇到敌情时，大声呼喊能够起到很好的自我鼓励和机能唤醒的效果。所以，如果条件允许，在开始演讲前低喝几声，就可以给自己打气；如果条件不允许，在当众讲话的时候适当提高音量，也能起到很好的自我提气效果。

三

三有两重含义。

首先，对任何一次表达，都尽量做到事先练习三次以上。克服紧张的最好武器就是熟悉。演讲者或当众表达者对于环境和听众的熟悉不太容易掌控，但是对于讲话内容的熟悉是完全可以掌握的。一旦对于自己所要表达的内容极为熟悉，紧张感就会大幅度降低。

其次，三还表示"重要的事情说三点"。一是，"说三点"对于听众来讲是友好的，毕竟人的短时记忆和理解能力都是有限的。如果一上来就说"我从 12 个方面展开"，听众可能直翻白眼。二是，"说三点"对于当众讲话者也是有利的，当脑海中纷繁复杂的信息被三个明确的点梳理清晰时，你的记忆难度、表达难度都会直线下降。

总结一下

想要当众讲话时表现自然，内容语言有张力，最核心的两点是克服紧张并清晰地表达结构。你需要从四个方面进行改善：站、眼、声、三。

写在最后

近些年，"第一性原理"这个词很火。

那么，表达这件事情的第一性原理是什么呢？

笔者以为，"双赢思维"和"知彼解己"两个原则，就是表达这件事情的第一性原理。

熟悉史蒂芬·柯维或者熟悉《高效能人士的七个习惯》这本书的朋友可能已经意识到，笔者引用的正是七习惯中的两个：双赢思维——人际领导的原则和知彼解己——移情沟通的原则。后者已经直接表示和表达相关，理解成本较低，前者则不然。

首先，绝大多数人已经认可了换位思考在表达中的重要性。

例如，《理惑论》有文：公明仪为牛弹《清角》之操，伏食如故。非牛不闻，不合其耳矣。转为蚊虻之声、孤犊之鸣，即掉尾、奋耳，蹀躞而听。

说的是战国时期公明仪为牛弹奏乐曲的故事，意思是：

> 有一个叫公明仪的人给牛弹奏古雅的清角调琴曲，牛依然像先前一样埋头吃草。不是牛不听，是曲调不悦它的耳。公明仪于是用琴模仿蚊虫和牛蝇的叫声，以及失散的小牛的声音。牛就摆动尾巴竖起耳朵，小步走并听着音乐。

后来，这个故事演变成一个大家都非常熟悉的成语——对牛弹琴，常用来讽刺对方听不懂自己说的话。在说服某个人时，自己讲得口干舌燥，对方却始终不为所动，于是我们恼羞成怒地向对方抛出这个成语"对牛弹琴"。

其实，我们换个角度就会发现，其中存在很大问题。公明仪明知对方只是一头牛，却还要对它抚琴一曲，试图唤起它对乐曲的共鸣。这到底是牛的问题，还是他的问题？所以，"对牛弹琴"还用来嘲讽说话的人不看对象。

其次，绝大多数人忽略了双赢思维也应该是表达的前提之一。

网络上有一个段子令笔者记忆深刻，说的是两个国家关于人口普查的宣传口号。

> A 国：人口普查！全民有责！科学发展！摸清国情！

> B 国：如果不知道社区有多少人，那我们如何知道要建多少医院和学校呢？

你是否能够体会到这两种口号的差别？你更喜欢哪种？你更容易被哪种说服？

显然，A 国是典型的自说自话型，完全从自己的角度出发，给人一种特别强烈的感觉：参与人口普查完全是为了帮你完成任务。B 国就恰恰相反，让人感觉：这是我自己的事，我一定要积极参与其中。

虽然这是一个带有讽刺意味的幽默段子，但如果换个角度思考它，也能从中得到一些启发——要激发对方的兴趣或引起对方的关注，就要找到跟对方密切相关的"利益点"。否则，如果失去"利益"这个前提，沟通的必要性就容易被对方排除，你再想很好地达成你的目标，将难上加难。

最后这两点是笔者想强调的，期待对已经阅读完本书的你，有一些别样的帮助或启发。

参考文献

[1] 斯涅克，米德，多克尔.如何启动黄金圈思维[M].杭州：浙江人民出版社，2019.

[2] 陆和平.大客户销售这样说这样做[M].北京：中国青年出版社，2019.

[3] 泽拉兹尼.用演示说话[M].马振晗，马洪德，译.北京：清华大学出版社，2015.

[4] 泽拉兹尼.用图表说话[M].马振晗，马洪德，译.北京：清华大学出版社，2013.

版权课程产品体系与服务体系

以结构思考力®为核心的产品体系

产品体系：结构思考力®系列版权课程为 4 门独立的版权课程，以"改善国人思维，提升企业沟通效率"为目标。

	结构思考力®——透过结构看思考表达	2天	• 口头及文字表达，更明确严密，有效说服他人 • 结合实际工作场景案例，现场产出工作报告、方案等
	结构思考力®——透过结构看问题解决	2天	• 能够对"问题"进行系统思考，并找到解决方案 • 找到解决问题的"关键逻辑"，设计可行的方案，制定实施计划
	结构萃取力®	2天	• 萃取优秀岗位经验，减少优秀经验流失 • 掌握萃取方法论，成为组织经验"中转站"
	结构领导力®	2天	• 掌握打开"双轮驱动"密钥，进行理性决策 • 掌握不同场景下的关键管理技能，推动并完成各项任务

服务体系：线上线下相结合的系统化"思考力"解决方案。

结构思考力研究中心服务体系包括视频课、训练营等线上产品，以及公开课、内训、学习项目、版权认证等线下课学习形式，逐步形成了以高质量的培训课程为基础，以高切合的师资团队为核心的产品结构和服务模式，为客户提供优质解决方案。

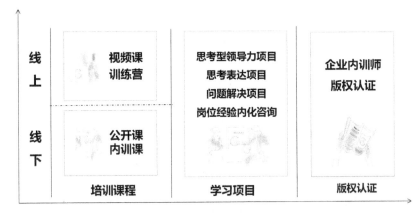